Daniela Schetar, Friedrich Köthe

# CITY|TRIP VERONA

## NICHT VERPASSEN!

### 1 PIAZZA BRÀ UND ARENA [J7]

20.000 Zuschauer fasst das römische Amphitheater in Veronas guter Stube. Auf dem „Liston“ der Piazza Brà wird abends zum Corso geblasen (s. S. 58).

### 7 PIAZZA ERBE [J6]

Das ehemalige römische Forum dient heute als Marktplatz. Von den Straßencafés aus kann man das lebhafte Treiben beobachten und die großartigen Fassaden bewundern (s. S. 63).

### 9 PIAZZA DEI SIGNORI [K6]

Mittelalter und Barock rahmen das Denkmal des Dichterfürsten Dante auf standesgemäße Weise ein. Hier hatte die Stadtregierung ihren Sitz (s. S. 66).

### 10 SKALIGERGRÄBER [K6]

Herrische Grabmäler des für Verona so prägenden Fürstengeschlechts, eingerahmt von einem Gitter mit dem Skaligersymbol: einer Leiter (s. S. 68).

### 11 HAUS DER JULIA [K6]

Wo sich einst die jungen Liebenden so tragisch nacheinander verzehrten, suchen heute Pilgerscharen ihr eigenes Liebesglück (s. S. 69).

### 15 CHIESA SANT' ANASTASIA [K5]

Ein gotischer Monumentalbau, in dessen anrührender Seitenkapelle zarte Fresken überraschen (s. S. 73).

### 17 DUOMO SANTA MARIA MATRICOLARE [J5]

Ein Bau aus mehreren Stilepochen, geschmückt mit wertvollen Gemälden und Skulpturen (s. S. 76).

### 24 CASTELVECCHIO [I7]

Die mächtige Burg der Skaliger, von der Habsburgern und Napoleon genutzt und umgestaltet, diente als Schutzwall nicht nach außen, sondern aus Furcht gegen die eigenen Untertanen (s. S. 83).

### 32 RÖMISCHES THEATER [K5]

Von den antiken Tribünen, die heute wieder zum Theatergenuss einladen, bietet sich ein herrlicher Blick auf Verona (s. S. 91).

### 37 GIARDINI GIUSTI [L6]

Der idyllische Barockgarten lädt ein zur entspannenden Pause während



Die …würdigkeiten der Stadt sind zum schnellen Auffinden mit **fortlaufenden Nummern** versehen. Diese verweisen auf die ausführliche Beschreibung **im Kapitel „Verona entdecken“** und zeigen auch die genaue Lage **im Stadtplan.**

# IMPRESSUM

Daniela Schetar, Friedrich Köthe

**CityTrip Verona**



**2., neu bearbeitete und komplett aktualisierte Auflage 2009**
**ISBN 978-3-8317-1863-4**

**Herausgeber und Gestaltungskonzept:** Klaus Werner
**Lektorat:** travel@media oHG
**Layout:** Günter Pawlak (Umschlag), Anna Medvedev (Inhalt)
**Fotos:** alle die Autoren (sk)
**Karten:** Ingenieurbüro B. Spachmüller, travel@media oHG
**Druck und Bindung:** Fuldaer Verlagsanstalt GmbH & Co. KG

Dieses Buch ist erhältlich in jeder Buchhandlung Deutschlands, der Schweiz, Österreichs, Belgiens und der Niederlande. Bitte informieren Sie Ihren Buchhändler über folgende Bezugsadressen:
Deutschland: Prolit GmbH, Postfach 9, D-35461 Fernwald (Annerod) sowie alle Barsortimente
Schweiz: AVA-buch 2000, Postfach, CH-8910 Affoltern
Österreich: Mohr Morawa Buchvertrieb GmbH, Sulzengasse 2, A-1230 Wien
Niederlande, Belgien: Willems Adventure, www.willemsadventure.nl

Wer im Buchhandel trotzdem kein Glück hat, bekommt unsere Bücher auch über unseren Büchershop im Internet:
**www.reise-know-how.de**

Wir freuen uns über Kritik, Kommentare und Verbesserungsvorschläge:
Reise Know-How Verlag Peter Rump GmbH, Osnabrücker Str. 79, 33649 Bielefeld, info@reise-know-how.de

064ve Abb.: sk

# INHALT

## EXKURSE ZWISCHENDURCH



## PRAKTISCHE REISETIPPS A–Z 101



## ANHANG 119



## CITYATLAS 131

# BENUTZUNGSHINWEISE

## CITYATLAS

Die im Buch beschriebenen Örtlichkeiten wie Sehenswürdigkeiten, Restaurants, Hotels, Cafés usw. sind im Cityatlas von Verona eingetragen.

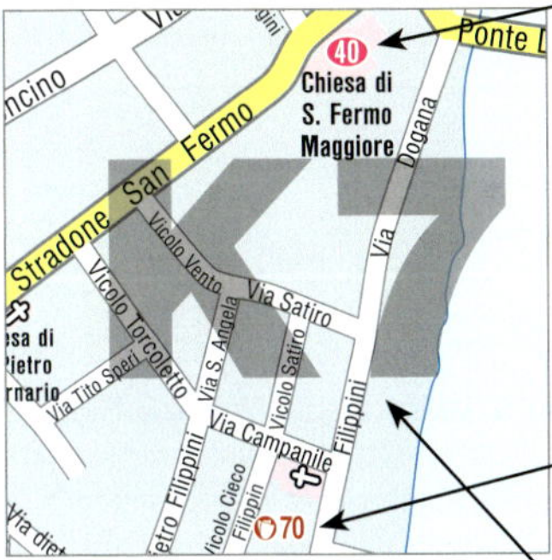


Örtlichkeiten mit fortlaufender Nummer, aber ohne Angabe des Planquadrats liegen außerhalb der im Buch abgebildeten Stadtpläne und Landkarten. Sie können aber leicht im Luftbild lokalisiert werden (siehe Umschlagklappe).

065ve Abb.: sk

## ORIENTIERUNGSSYSTEM

Zur schnelleren Orientierung tragen alle Hauptsehenswürdigkeiten und Lokalitäten die gleiche Nummer sowohl im Text als auch in den Stadtplänen:

40 Die Hauptsehenswürdigkeiten werden im Abschnitt „Verona entdecken" beschrieben und mit einer fortlaufenden magentafarbenen Nummer gekennzeichnet, die auch im Citytatlas eingetragen ist.

Stehen die Nummern im Fließtext, verweisen sie auf die jeweilige Beschreibung der Sehenswürdigkeit im Kapitel „Verona entdecken".

70 Mit Symbol und fortlaufender Nummer werden die sonstigen Lokalitäten wie Cafés, Geschäfte, Hotels, Infostellen usw. gekennzeichnet.

[K7] Die Angabe in eckigen Klammern verweist auf das Planquadrat im Cityatlas, in diesem Beispiel auf das Planquadrat K7.

## BEWERTUNG DER SEHENSWÜRDIGKEITEN

★★★ auf keinen Fall verpassen
★★ besonders sehenswert
★ wichtige Sehenswürdigkeit für speziell interessierte Besucher

# DIE AUTOREN

**Daniela Schetar**, Ethnologin, und **Friedrich Köthe**, Soziologe, leben als freischaffende Reisejournalisten in München. Sie sind Autoren zahlreicher Reisebücher über die Maghreb-Länder und die Staaten des südlichen Afrika. Bei Reise Know-How haben sie darüber hinaus die Reiseführer „Namibia", „Madeira", „Slowenien", „Sizilien", „Friaul und Venetien", „Leipzig" und die CityTrips „Florenz" und „München" sowie „Istrien aktiv" veröffentlicht.

## SCHREIBEN SIE UNS

Dieses Buch ist gespickt mit Adressen, Preisen, Tipps und Infos. Nur vor Ort kann überprüft werden, was noch stimmt, was sich verändert hat, ob Preise gestiegen oder gefallen sind, ob ein Hotel, ein Restaurant immer noch empfehlenswert ist oder nicht mehr usw. Unsere Autoren sind zwar stetig unterwegs und erstellen alle zwei Jahre eine komplette Aktualisierung, aber auf die Mithilfe von Reisenden können sie nicht verzichten.

Darum: Schreiben Sie uns, was sich geändert hat, was besser sein könnte, was gestrichen bzw. ergänzt werden soll. Wenn sich die Infos direkt auf das Buch beziehen, würde die Seitenangabe uns die Arbeit sehr erleichtern. Gut verwertbare Informationen belohnt der Verlag mit einem Sprechführer Ihrer Wahl aus der über 200 Bände umfassenden Reihe „Kauderwelsch".

**Bitte schreiben Sie an:**
Reise Know-How Verlag Peter Rump GmbH, Postfach 140666, D-33626 Bielefeld, oder per E-Mail an: info@reise-know-how.de

Danke!

# DAS BESTE AUF EINEN BLICK

001ve Abb.: sk

Zeugen aus allen Epochen der italienischen Geschichte finden sich in der von der UNESCO im Jahr 2000 zum Weltkulturerbe erklärten Altstadt, die die Veroneser mit prallem Leben füllen. Noch nicht in den Bergen, noch nicht an der Adria gelegen, spielt die Stadt heute wie eh und je die Mittlerrolle zwischen beiden Welten: Romantisches, offenes Flair und freundliche Zurückhaltung vereinen sich auf das Beste.

## VERONA AN EINEM WOCHENENDE

*Übersichtlich ist Verona mit seiner in einer Schleife der Etsch liegenden Altstadt. Hier liegen die meisten Sehenswürdigkeiten aus allen nur erdenklichen Epochen – antikes Rom, die frühe Christenzeit, das Mittelalter, Napoleon, die Habsburger – und alles ist mit Leichtigkeit zu Fuß erreichbar. Es geht an den Ufern der Etsch entlang durch quirlige, enge Gassen, über weite Plätze, vorbei an zahlreichen Straßencafés und Boutiquen, die die neueste Mode in ihren Vitrinen ausstellen.*

### ERSTER TAG

#### Vormittags

Nach dem Frühstücksbüffet im Hotel – oder ganz italienisch: dem schnellen Espresso mit einem Gebäckstück in einer der Bars – geht es zur Piazza Brà 1 in die Arena di Verona 2 aus dem Jahr 30 n.Chr. Entlang der Via Mazzini 6 mit ihren unzähligen Modegeschäften erreicht man das Haus der Julia 11 und kämpft sich vor in den Innenhof mit dem berühmtesten Balkon der Weltliteratur, auf dem Julia dem unten stehenden Romeo gelauscht haben soll. Das Innere des sehenswerten Hauses ist als Museum mit Gegenständen aus Shakespeare'scher Zeit eingerichtet.

#### Mittags

Ein Stück weiter westlich lädt die Locandina Cappello (s.S.32) mit leckeren *crostini* zur Mittagspause ein. Entweder nimmt man die kleine Stärkung auf die Hand und flaniert durch die Via Cappello 13 mit römischen Ausgrabungen oder man speist unten in den Gewölben der Locandina von einem Teller. Mit der Piazza Erbe 7 – dem

◄ *Vorseite: Die Altstadt steht unter dem Schutz der UNESCO*

► *Skulpturen berühmter Veroneser finden sich im gesamten Stadtgebiet*

009ve Abb.: sk

008ve Abb.: sk

Kräuterplatz – folgt einer der absoluten Höhepunkte der Stadt. Den besten Blick von oben auf das mittelalterliche Ensemble mit seinen Marktständen bietet der Torre dei Lamberti 8. Wenige Schritte im Norden ragen die prunkvollen Skaligergrabmäler 10 hoch in den Himmel.

### Nachmittags

Die **Chiesa Sant' Anastasia** 15 steht mitten auf der ehemaligen Römerstraße Via Postumia, die hier einst die Etsch querte. Wenige Schritte an der Etsch entlang dominiert der romanisch-gotische **Dom** 17 mit seinem berühmten Portal den Platz. Der **Ponte Pietra** 16 aus dem 1. Jh. führt hinüber ans andere Ufer nach Veronetta mit dem **Teatro Romano** 32 und seinem archäologischen Museum. Steigt man den Hügel ganz hinauf zum **Castel San Pietro** 33, so wird man mit einem herrlichen Blick über ganz Verona bis hin zur Hügelwelt im Süden belohnt. Auf dem Nachhauseweg lockt die grüne Oase der **Giardini Giusti** 37.

▲ *Ein Kaffee am Morgen stärkt für den Tag*

### Abends

Nach einem frühen Abendessen (rechtzeitiges Reservieren nicht vergessen!) verbringt man im Sommer natürlich den weiteren Abend in der **Arena** 2 – beispielsweise bei einer Verdi-Oper. Zu späterer Stunde dann lässt man es sich an den Bars der Piazza Brà oder auch an dem Ponte Pietra mit Blick auf das römische Theater mit einem Cocktail gut gehen.

## ZWEITER TAG

### Morgens

Von der Piazza Brà führt die Via Oberdan zur **Porta Borsari** 22, früher der südwestliche Eingang zur römischen Stadt. Die gleichnamige Straße lädt zum Einkaufen ein. An den imposanten *palazzi* des Corso Cavour [I6] vorbei geht es zur Zwingburg der Skaliger: Das **Castelvecchio** 24 stammt aus dem 14. Jh. Im Inneren sind die Bildschätze der Stadt ein Fest fürs

Auge, das **Museo Civico** besticht aber auch durch seine Architektur, die die Gestaltung der Ausstellungsräume vollständig den Bedürfnissen des Betrachters unterordnet.

## Mittags

Über die mittelalterliche Brücke Ponte Scaligero 25 erreicht man das **Arsenale Austriaco** 26. In naher Zukunft soll dies ein quirliger Ort mit Ausstellungen und Veranstaltungen werden, heute ist die ehemalige österreichische Kaserne noch eine Ruine. Man geht nun entweder über die Brücke zurück und am Etschufer entlang oder hinter dem Arsenal nach Westen, über den Ponte Risorgimento [G5] und weiter zur Piazza San Zeno [F/G6]. Zeit für eine Stärkung – entweder im hochpreisigen und eleganten **Ristorante Al Calmiere** (s. S. 27) an der Piazza oder etwas versteckt in der **Trattoria 'Na Scarpa & 'N Socolo** (s. S. 28), wo Arbeiter und Angestellte sehr günstige und traditionelle Gerichte genießen.

## DAS GIBT ES NUR IN VERONA

- *Die berühmteste Liebesgeschichte der Welt: Romeo und Julia und ihre Häuser (siehe „Verona für Verliebte").*
- *Die schönste Opernbühne Europas: Arena di Verona* 2.
- *Pan d'Oro – Veronas delikater Kuchen erobert die Welt (siehe „Verona für Genießer").*
- *Eine Brücke aus Stein, die nur Fürsten betreten durften: der Ponte Scaligero* 25.

## Nachmittags

Eine gute Stunde sollte man sich schon Zeit lassen für die Besichtigung der **Basilica di San Zeno** 27, der schönsten romanischen Kirche Italiens, die man durch den Kreuzgang betritt. Auf dem Rückweg zur Piazza Brà sollte der **Convento San Bernardino** 28, ebenfalls mit Kreuzgang, nicht vergessen werden. Der nahe gelegene Stradone Porta Palio verbindet das Zentrum mit den mittelalterlichen Befestigungen rund um die Porta Palio [G8] von 1547. Auch die Österreicher haben sich hier einst mit starken Wehrgebäuden verewigt, heute bringt die grüne Parkanlage **Parco della Mura** 29 den ersehnten Schatten im Sommer.

## Abends

Vor dem Abendessen sollte man sich einen **Einkaufsbummel** in der verkehrsberuhigten Altstadt gönnen. Sicherlich sind Via Mazzini 6 und Porta Borsari 22 die bekanntesten Einkaufsstraßen, doch wird man auch in den Nebengassen fündig.

Nach dem Essen ist **Flanieren auf der Piazza Brà** angesagt. Ganz Verona ist nun unterwegs, unterhält sich, kehrt für einen Drink oder einen Espresso ein und lässt den Abend langsam ausklingen. Wer nun noch nicht genug hat, geht in eine Disco, eine Pianobar oder in eines der Lokale mit Livemusik (siehe „Verona am Abend").

▶ *Vom Bardolino in die Läden der Welt – der Siegeszug eines Körbchens*

▶ *Wenn keine Aufführungen stattfinden, dürfen Schaulustige in das Rund der Arena*

# ZUR RICHTIGEN ZEIT AM RICHTIGEN ORT

*Im Juli und im August platzt die Stadt aus allen Nähten, denn dann kommen aus aller Welt die Opernfreunde, um wenigstens an einem Abend eine der berühmten Aufführungen im Rahmen der Festspiele in der Arena zu sehen. Gemächlicher geht es im Dezember zu, wenn die Stadt sich auf das Christfest vorbereitet und im vollen Glanz der weihnachtlichen Illumination steht.*

011ve Abb.: sk

## FEBRUAR

› Am Freitag vor Fastnacht gibt es einen großen traditionellen Umzug mit geschmückten Wagen und unzähligen Masken auch von Personen aus der Geschichte der Stadt: Der *Venardi gnocolar* jährt sich 2010 zum 480. Mal und ist der **älteste Karneval Italiens** (www.carnevaleveronese.org).

› **Verona in Love** (www.veronainlove.it) überzieht Mitte des Monats die Plätze der Stadt mit einem bunten Trubel aus Märkten, Straßentheatern und Konzerten – alles unter dem Banner *Giulia e Romeo*.

010ve Abb.: sk

## APRIL

› Die **Weinmesse** *Vinitaly* Anfang des Monats ist die größte des Landes und arbeitet kräftig daran, auch international an der Spitze zu stehen (www.vinitaly.com).

## APRIL/MAI

› Die **Leinwand der Liebe** *(Schermi d'amore)* zeigt eine Woche lang Cineastisches aus aller Welt: Autorenfilme, Kultfilme, Genrefilme, Klassiker und auch das Allerneueste (www.schermidamore.it).

## MAI

› Zum **Weißweinfest** *(Festa medioevale del Vino Bianco)* muss man am dritten Wochenende des Monats die Stadt verlassen und ins 30 km entfernte Soave fahren. Dort sieht man mittelalterliche Burgspiele und nimmt an Banketten wie in alter Zeit teil (www.comunesoave.it).

## JUNI/JULI/AUGUST

› Mitte Juni beginnen die **Opernfestspiele** (www.arena.it) in der Arena di Verona 2 *(Festival Areniano)* und der Veroneser **Theatersommer** *(Estate teatrale veronese)* im Römischen Theater 32 und im Corte mercato vecchio des Palazzo del Comune 8 mit Theateraufführungen, Ballett und Jazzkonzerten (www.estateteatraleveronese.it).

## SEPTEMBER

› Am letzten Wochenende des Monats treffen sich **Straßenspieler** aus aller Welt und führen beim *Tocatì* alte, fast vergessene Straßenspiele in der Veroneser Altstadt vor.

## OKTOBER

› Am Monatsbeginn steht das Messegelände ganz im Zeichen der Steine. Die Industriemesse *Marmomacc* (www.marmomacc.com) zeigt alles, was es rund um Marmor und Granit und zu deren Abbau gibt.
› Mitte des Monats treffen sich Künstler und Interessierte zur **Messe der modernen und zeitgenössischen Kunst** *Fiera d'arte moderna e contemporanea* (www.artverona.it).

012ve Abb.: sk

## OFFIZIELLE FEIERTAGE

› *Capodanno:* Neujahrstag
› *Epifania:* Dreikönigstag (6. Januar)
› *Lunedi dell'Angelo:* Ostermontag
› *Festa della Liberazione:* Tag der Befreiung vom Faschismus (25. April)
› *Festa dei Lavoratori:* Tag der Arbeit (1. Mai)
› *Festa della Repubblica:* Tag der Republik (2. Juni)
› *Assunzione di Maria Vergine/ Ferragosto:* Mariä Himmelfahrt (15. August)
› *Ognissanti:* Allerheiligen (1. November)
› *Immacolata:* Mariä Empfängnis (8. Dezember)
› *Natale:* 1. Weihnachtstag (25. Dezember)
› *San Stefano:* 2. Weihnachtstag (26. Dezember)

Zurzeit diskutiert die Regierung einen Gesetzesentwurf, der vorsieht, *Pietro e Paolo* (Peter und Paul, 29. Juni) zum landesweiten Feiertag zu erklären.

## DEZEMBER

› Vom 10.–13.12. gehen die Veroneser auf den **Weihnachtsmarkt** *Mercatini di Santa Lucia* auf der Piazza Brà 1. Weitere Weihnachtsmärkte verteilen sich über die ganze Stadt, wie im Arsenale 26 (6.–21.12.), auf der Via Roma (16.–24.) oder auf der Piazza Isolo (15.–23.). Vom 1.12. bis 18.1. zeigt die Rassegna Internazionale di Presepi in der Arena über 400 Weihnachtskrippen aus aller Welt.

◄ *Eislaufen in der Stadt – im Winter an der Arena*

# AUF INS VERGNÜGEN

002ve Abb.: sk

013ve Abb.: sk

Die Stadt der Liebenden ist Verona nicht nur in den Büchern. Wer durch die Gassen schlendert, wird zahllosen jungen Liebespaaren begegnen, die bummeln, eng umschlungen in den Cafés sitzen oder sich tief in die Augen blickend an einer Ecke stehen. Und auch der eine oder andere Ältere wird sich sicherlich gerne vom Flair Veronas überrumpeln lassen und seinen Partner in neuem, südlichem Licht sehen.

## VERONA FÜR CITYBUMMLER

*Verona ist eine ideale Destination für Spaziergänger. Die kompakte Altstadt ist teils verkehrsberuhigt, teils Fußgängerzone. Streng wird darüber gewacht, dass keine Fahrzeuge unautorisiert in das Herz der Stadt eindringen. So kann man sich herrlich treiben lassen durch die Einkaufsstraßen, die engen Gassen und die mannschmalen Winkel zwischen mittelalterlichem Mauerwerk. Überall findet sich ein Plätzchen zum Ausruhen, sei es eine Bar, eine Grünfläche mit Bänken oder auch nur die Uferbewehrung der Etsch.*

Die **Piazza Brà** 1 und die **Piazza Erbe** 7 sind immer stark belebt von Touristen, aber auch von Einheimischen, die sich ihre Stadt nicht nehmen lassen. Pantomimen verdienen sich mit Darstellungen mittelalterlicher Figuren und in Masken der *Comedia dell'Arte* ein Zubrot, altrömische Recken lächeln gemeinsam mit zierlichen Besucherinnen aus Asien in die Kameras (und erhalten einen Obolus dafür) und ganz Verona, jung und alt, scheint mindestens einmal am Tag die Plätze zu queren.

Wer es ruhiger mag, für den ist **Veronetta** am östlichen Etschufer eine gute Wahl. Je nach Geschmack bevorzugt man für eine ausgedehnte Pause den Park mit Fernsicht beim Castel San Pietro 33 oder die hochgemauerte und exklusive Abgeschiedenheit der grünen Oase der Giardini Giusti 37, die von außen so gar nicht ins Auge fallen.

Am schönsten aber ist es, sich **einfach treiben zu lassen** und immer wieder durch Zufall an einen sehenswerten Ort zu gelangen. Dies mag eine der vielen **Kirchen** sein, deren Geschichten von außen wie von innen es zu entdecken gilt, deren Vergangenheit jeder einzelne Stein aufgesogen hat: Sant' Anastasia 15, San Zeno 27, der Dom 17, San Bernardino 28 oder San Fermo 40. Um eine Ecke biegend faszinieren plötzlich die Grabmäler der Skaligerherrscher 10, die hinter Schmiedeeisen hoch oben in marmornen Sarkophagen zur ewigen Ruhe gebettet liegen.

In einer anderen Gasse verbreitert sich ein schmaler Durchschlupf zum Eingang einer Galerie, eines Museums oder eines Gartens in einem Palazzo. Oder die Kutschendurchfahrt führt zu einem Innenhof, in dem gleich rechts oben ein steinerner Balkon herausragt – doch hier, am Haus der Julia 11, herrscht schon wieder keine Ruhe mehr, hier stehen die Gäste aus aller Welt mit in den Nacken gelegtem Kopf, eine Kamera fest aufs Auge gedrückt und mit glücklichem Lächeln um den Mund: Die Reise hat sich gelohnt, „Julia was here and I was with Julia“.

**Am Abend,** wenn es kühler geworden, das Abendessen absolviert, die Oper aus ist, dann zieht es wieder alle hinaus auf die Plätze und in die Gassen. Dann ist *corso* angesagt, das **Auf- und Abschlendern,** gemächlich, plaudernd, die Liebespaare sich an der Hand haltend. Männer disputieren untergehakt in vertraulichem Gespräch die Familiengeschichte, Frauen führen ihren Freundinnen die letzte Mode ganz ohne Arg und List vor Augen. Und natürlich gibt es jene, die die Zeit nutzen, um ein wenig zu flirten.

In einer endlosen Kolonne umkreisen die Menschen dann die **vollbesetzten Bars,** ein stetes Wispern zirpt durch Schluchten und über Flächen, bis sich weit nach Mitternacht die Menschenhaufen ausdünnen. Nach und nach machen sich immer größere Gruppen auf den Heimweg und schließlich schwärmen nur noch Vereinzelte durch die Nacht.

◀ *Studenten verdienen sich an der Arena ein Zubrot mit Straßenkunst*

# VERONA FÜR KAUFLUSTIGE

*Zahllose Geschäfte sind über die ganze Altstadt verteilt und auch wer in der Umgebung Urlaub macht, kommt gerne nach Verona, um die breite Auswahl der neuesten Mode zu durchstöbern. „Augen auf!“, heißt die Devise. Trendige Kleidung und Accessoires gibt es in den Geschäften mit den großen Namen zu hohen Preisen und in den kleinen Boutiquen abseits der Haupteinkaufsstraßen ebenso authentisch, aber weitaus günstiger.*

## EINKAUFSSTRASSEN

Die wichtigsten Einkaufsstraßen sind die **Via Mazzini** 6, **Via Cappello** 13 und **Porta Borsari** 22, allesamt als Fußgängerzonen für den Verkehr gesperrt. Ein Modegeschäft reiht sich an das andere, alle großen Namen sind vertreten und auch die Markenshops der Jugend, die in jeder größeren Stadt mit einer Dependance vertreten sind, finden sich hier. Kleidung, Schuhe und Accessoires sind in breiter Auswahl und elegant drapiert in die Schaufenster gestellt und locken die Einheimischen und Touristen in die Läden.

In der Hochsaison ist hier **teilweise kein Durchkommen** mehr. Der Hauptgrund liegt darin, dass die Via Mazzini die direkte und kürzeste Verbindung zwischen den beiden sehenswerten Plätzen Piazza Brà 1 und Piazza Erbe 7 darstellt (auf der Via Cappello geht es dann zu Julias Haus 11), die Porta Borsari wiederum der direkte Weg weiter zum Castelvecchio 24 ist. Durch die relativ schmalen Straßenschluchten werden die Besuchergruppen aus aller Herren Länder pulkweise von einem als Versammlungs- und Erkennungszeichen seltsame Gegenstände in die Luft reckenden Reiseleiter geführt – der Siegeszug der Einkaufsmeilen. Doch schon wenige Schritte abseits **in den Nebengassen** entdeckt man weitere Geschäfte und wird dort nicht automatisch an den Schaufenstern vorbeigeschoben.

## MARKT

Die **Piazza Erbe** 7 ist der traditionelle Markt der Stadt, früher ein Kräutermarkt, wie der Name deutlich macht (*erbe* = Kräuter). Heute werden an den Ständen nur noch vereinzelt Lebensmittel angeboten, in der Hauptsache hängen und stehen allerlei Dinge zum Verkauf, von denen man annimmt, dass sie Touristen begeistert erwerben: Masken, Sonnenbrillen, kleine und größere Souvenirs aus chinesischer Produktion. Dennoch ist es ein Genuss, sich an einem der zahlreichen im Freien stehenden Tische niederzulassen und dem bunten Treiben zuzuschauen – die Piazza Erbe ist die **gute Stube der Stadt** geblieben.

### Markttage und -plätze in Verona

**Dienstag**
- Via Plinio (im Stadtteil Borgo Venezia), Via Campo Sportivo, Via Turchi, 162 Stände, 8–14 Uhr
- Via Emo, 34 Stände, 8–14 Uhr
- Via Avogadro, 20 Stände, 8–14 Uhr
- Piazza San Zeno, 10 Stände, 8–14 Uhr

**Mittwoch**
- Via Poerio, 82 Stände, 8–14 Uhr
- Viale del Commercio, 20 Stände, 8–14 Uhr
- Piazza XVI Ottobre, 19 Stände, 8–17 Uhr

**Donnerstag**
- Via Don Mercante, 62 Stände, 8–14 Uhr
- Via Prina, 46 Stände, 8–14 Uhr
- Via Gran Sasso, 61 Stände, 8–14 Uhr

**Freitag**
- Via Amo, 34 Stände, 8–14 Uhr
- Piazza Penne Nere, 20 Stände, 8–14 Uhr
- Piazza XVI Ottobre, 19 Stände, 8–17 Uhr
- Piazza San Zeno, 10 Stände, 8–14 Uhr

**Samstag**
- Piazzale Olimpia, 261 Stände, 8–14 Uhr

### Trödelmarkt

Wer sich für Antiquitäten und Trödel interessiert, geht am dritten Samstag des Monats auf die **Piazza San Zeno** [F/G6] jenseits der Etsch auf den Flohmarkt. Hier findet sich Kunst und Krempel zuhauf, manchmal ganz billig von Amateuren, die ihren Speicher

► *Die Salumeria Albertini steht unter Denkmalschutz*

aufräumen, häufiger aber von den Berufsverkäufern zu angepassten Preisen. Wer genau schaut und energisch verhandelt, wird das eine oder andere gute Stück mit nach Hause schleppen können.

## SUPERMARKT

1 [K6] **Supermercato Punto Sma,** Largo Pescheria Vecchia. Einziger Supermarkt in der Altstadt.

## DELIKATESSEN

2 [K6] **Art & Chocolate,** Largo Pescheria Vecchia 9a, Tel. 045 8001212. Bar mit postmoderner Einrichtung, Kunst, Kitsch und Köstlichkeiten rund um die Schokolade.

3 [K6] **Calimala Chocolat,** Vicolo Crocioni 4a, Tel. 045 8005478. Im Angebot sind Schokoladenkreationen vom Allerfeinsten aus ganz Italien: klein, fein und nicht billig.

4 [I5] **Enoteca Dal Zovo,** Viale della Repubblica 12, Tel. 045 918050. Wein in Regalen bis hoch unter die Decke, Pasta, Gewürze und Kuchen. Nicht nur Rebensaft aus ganz Italien wird angeboten, auch Wein von Australien bis Chile.

014ve Abb.: sk

5 [J6] **Enoteca Storica Oreste dal Zovo,** Vicolo San Marco in Foro 7, Tel. 045 8034369. Der Wirt sitzt meistens draußen auf einer Bank in der kleinen Gasse, die zum Liebesbrunnen 21 führt. Pittoresk sind die Flaschen in den Verkaufsräumen gestapelt, am Tresen holt man sich sein Glas Wein oder Feuerwasser wie Grappa oder das berühmte *Elisir* – ein Kräuterschnaps. Seit 1958 wird hier Wein verkauft, von eingestaubt kann man aber nicht reden, eher das Gegenteil ist der Fall. Der umtriebige Sommelier Oreste führt einen gerne in die Weinkunde des Veneto ein.

6 [I7] **GiusyMagic,** Via Cataneo 27b, Tel. 045 8000427. Die esoterische Buchhandlung mit Kräuterladen ist eine Hexenküche voller Kristalle, erotisierender Räucherstäbchen, Heilkräuter, magischer Utensilien und natürlich Büchern aus der Welt der Esoterik.

7 [J6] **Pasticceria de Rossi,** Via Porta Borsari 3c, Tel. 045 8002489. Die Pasticceria steht seit 1947 in

EXTRATIPP

### Gesundes Essen!

*Wer ökologisch korrekte Mahlzeiten zu sich nehmen und die Ingredienzen zum Nachkochen auch noch nach Hause mitnehmen will, geht ins* ***Terra e Gusto.*** *Die Herkunft der Nahrungsmittel wird hier auf technisch hohem Niveau mit Magnetresonanz geprüft, sodass immer gleichwertige Qualität gesichert ist und niemand betrügen kann.*

9 *[J8]* ***Terra e Gusto,*** *Via del Pontiere 3, Tel. 045 8011530, Mo. Ruhetag*

Familienbesitz und der wahre Veroneser kauft hier Brot, frische Pasta und Gebäck.

8 [K5] **Salumeria Albertini,** Corso Sant'Anastasia 41, Tel. 045 8031074. Der Laden hat ein Denkmalschutzprädikat und das sieht man auch. So lecker angerichtet warten Schinken, Käse, Wein, Hartwürste und weitere Spezereien selten auf einen Käufer.

## BÜCHER, LANDKARTEN

10 [K5] **Libreria Gheduzzi,** Corso Sant'Anastasia 7, Tel. 045 8002234, werktags 9/10–24 Uhr. Wer beim Schmökern durstig wird oder einen Kaffee zur Anregung benötigt: Im hinteren Bereich ist eine Cafeteria, wo man auch Kleinigkeiten zu essen bekommt.

11 [J6] **Libreria Ghelfi & Barbato,** Via Mazzini 21, Tel. 045 8002306. Die Traditionsbuchhandlung der Stadt in zentraler Lage.

12 [I6] **Touring Club Italiano,** Corso Cavour 31, Tel. 045 595697. Die Buchhandlung des italienischen Automobilklubs hat sich mit Büchern und Karten übers Reisen einen Namen gemacht.

## MODE UND ACCESSOIRES

13 [J6] **Alkimia,** Corso Porta Borsari 32. Schwarz, weiß und in Eierschale sind die ausgefallenen, aber wunderschönen Klamotten in dieser Boutique, die sich unter wohlhabenden Gothic-Anhängern großer Beliebtheit erfreut. Man muss aber nicht dazugehören, um hier sein Lieblingsstück zu finden.

15 [K6] **Casa della Pantofola,** Via Cappello 3, Tel. 045 8030853. Alles, aber auch wirklich alles, was es an Pantoffeln auf der Welt so gibt, findet man hier.

16 [K5] **Fatto A Mano,** Corso Sant'Anastasia 36, Tel. 045 8033655. Taschen aus Filz und Seide, Socken, Klamotten, alles von Hand genäht und vornehmlich aus Naturmaterialien wie handgewebter Seide.

17 [L6] **Il Gabbiano,** Via Carducci 2, Tel. 045 8031413. Die kleine, unscheinbare *bottega artigiana* in Veronetta ist bekannt für selbstproduzierte Taschen, Geldbeutel oder Brieftaschen. Wer die Zeit hat, sich Maßschuhe machen zu lassen – auch das ist hier möglich.

18 [J6] **Intimissimi,** Corso Porta Borsari 14, Tel. 045 8036106. Preiswerte und zugleich hübsche Dessous mit italienischem Schick.

19 [J6] **Lo Scrittorio,** Corso Porta Borsari 18, Tel. 045 8035720. Der Laden für Schreibfetischisten: elegantes Schreibgerät, samtweiche Ledermappen, Anfertigung edelster Visitenkarten und Verkauf von Postkarten mit historischen Veronaansichten.

## WAS MAN SONST SO BRAUCHT

21 [K5] **Bottega Artigiani,** Corso Sant'Anastasia 45, Tel. 045 8031130. Seit 1925 stellt die Familie Pellegrini Lampenschirme nach Maß her, auch nach Vorlagen wie bspw. Landkarten.

22 [J6] **C'era una volta,** Corte Melone 2b, Tel. 045 8004566. Kitsch und Antiquitäten, Blechspielzeug und Porzellan, Goldschmuck und Bücher in einem sympathischen kleinen Laden.

23 [K6] **Coltelleria Calcagni,** Largo Peschiera Vecchia 3, Tel. 045 8002038.

EXTRATIPP

### Soldi

*Wenn die Preise purzeln, können Sie italienische Mode, Schuhe und Accessoires zu deutlich günstigeren Preisen kaufen. Mit „Soldi"-Plakaten im Schaufenster machen die Läden auf Rabattaktionen aufmerksam.*

EXTRATIPP

**Beim Barbier!**

*Beim Barbier in der Corte Melone lassen sich die Herren aus der Nachbarschaft eine messerscharfe Rasur oder einen konservativen Haarschnitt verpassen. Während der „barbiere" einschäumt, pflegt die Kosmetikerin die Hände.*

25 *[J6]* ***Barbier,*** *Corte Melone 2b*

In bis zur Decke reichenden Vitrinen warten Messer, Scheren und allerlei haushaltsnützliche Dinge darauf, vom schwarzbekittelten Besitzer entnommen und auf der Theke dargeboten zu werden.

24 [I6] **Zanchi Biciclette,** Corso Cavour 13a, Tel. 045 8005681. Seit 1924 stellt das Unternehmen wunderschöne und sehr elegante Fahrräder her. Daneben gibt es Zubehör, auch fürs „normale" Gefährt.

## VERONA FÜR GENIESSER

*Die Bars, Cafés, Restaurants und Trattorien gehen in Verona in die Hunderte, viele sind ausgezeichnet und die restlichen bieten eine reelle Küche. So kann man also überall einkehren und ist dort gern gesehener Gast.*

### WOHIN ZUM ESSEN?

Die Wahl eines Lokals fällt in Verona schwer. So zahlreich die Restaurants, so zahlreich sind auch deren **Benennungen:** *Rosticceria* (Kleinigkeiten am Tresen genossen), *Trattoria* (eigentlich ein einfaches Restaurant, heutzutage aber auch durchaus edel mit den angepassten Preisen), *Tavola Calda* (warme Küche in noch etwas einfacherem Ambiente), *Osteria* (einfache Weinstube oder auch teures Speiselokal), *Enoteca* und *Taverna* (eher Weinlokale, aber häufig mit einer wenn auch abgespeckten Speisekarte), als Spitzenreiter das *Ristorante* und dann natürlich noch die *Pizzeria,* die meist neben dem belegten Teigfladen weitere Gerichte anbietet und dies mit der Außenwerbung „Trattoria/Pizzeria" kundtut.

Weitere Möglichkeiten der Nahrungsaufnahme findet man in der *Panineria,* die nichts als belegte Brötchen, und der *Spaghetteria,* die nur Nudelgerichte im Angebot hat. In den Bars und Cafés werden **Kleinigkeiten** serviert: *Tramezzini, Crostini* (s. u.) und belegte Brötchen. So ist der Tisch oder die Theke also reichlich gedeckt. Und wo immer man sich auch gerade aufhält: Ein Ort, um den Hunger oder Durst zu stillen, ist nur wenige Schritte entfernt.

### WANN ZUM ESSEN?

Das **Frühstück** nimmt in ganz Italien nicht den gleichen Stellenwert ein wie in Mittel- und Nordeuropa. Ein schneller Kaffee, ein Gebäckstück in der Bar an der Ecke zwischen 6 Uhr morgens und 10 Uhr, das war's auch schon. Den touristischen Bedürfnissen ist es gedankt, dass die meisten Hotels heutzutage ein reichhaltiges Frühstücksbüffet servieren (meist zwischen 7 und 9.30 Uhr).

Das **Mittagessen** ist dem Veroneser schon wesentlich wichtiger. So schließen die Büros um 13 Uhr und öffnen frühestens um 15 Uhr, damit genügend Zeit für ein ausgedehntes Mittagessen zu Hause oder in einem Lokal besteht.

Das **Abendessen** wird üblicherweise ab 19/19.30 Uhr serviert, manche Lokale (häufig Pizzerien) öffnen aber auch schon ab 18 Uhr die Türen. Veroneser gehen meist ab 20 Uhr essen. Während der Opernsaison im Sommer passen sich viele Lokale dem Vorstellungsbeginn an (um 21 Uhr) und bieten schon frühzeitig eine spezielle Speisekarte für Arenabesucher. (Hierfür besser vorbestellen!)

## KÜCHENTRADITIONEN

Die Veroneser Küche zeichnet sich für die Bewohner des Veneto nicht durch besonders ausgefallene Ingredienzen aus, sie ist **bodenständig** und verarbeitet das, was die Bauernhöfe der Umgebung seit Jahrhunderten produzieren, nach althergebrachter Weise, so wie es bereits Theoderich und seine Zeitgenossen gegessen haben sollen.

Natürlich gibt es auch Süßwasserfische wie Karpfen oder Schleie und all das, was die Adria hergibt, denn das Meer und der Gardasee sind schließlich nicht weit weg. Und Verona am Fuß der sich auftürmenden Alpen und am Beginn der weiten Ebenen Norditaliens hat seit jeher auch in der Küche eine Mittlerrolle zwischen Meer und See, Sumpfland und Berg gespielt. Fisch, Reis und Wurst geben sich also ein Stelldichein, doch die Tradition ist eine Idee **mehr dem Fleisch zugewandt,** eher dem Reis und dem Mais denn der Nudel und dem Fisch.

Für mittel- und nordeuropäische Gaumen hält Verona eine Überraschung bereit: **Pferdefleisch.** Einst das Essen der ärmeren Bevölkerungsschichten auch jenseits der Alpen (dort aber vom Speisezettel fast vollständig verschwunden), gibt es in Verona eine Art Renaissance. Besseresser sind ganz begeistert von dem cholesterinarmen und eiweißreichen Fleisch. Der Legende nach geht eines der besonders typischen Gerichte Veronas – die **Patissada de Caval** – auf einen Krieg zurück. Nachdem Theoderich Odoaker 489 besiegt hatte, blieben auf dem Schlachtfeld vor Verona eine Unzahl von Pferdekadavern liegen, deren Fleisch der Ostgote an das Volk verteilen ließ. Aus welchen Gründen auch immer – vielleicht war es doch zu lange gelegen – entschieden sich die Menschen, das Fleisch erst einmal eine längere Zeit zu marinieren und dann mehrstündig durchzukochen. Serviert wird die *Patissada*

### ÖL VOM BAUM

*Die Provinz Verona hat die größte Dichte an Olivenbäumen in ganz Norditalien. Angebaute Sorten sind Trep, Favarol (auch Perlarol), Casaliva, Leccino und Grignan. Obwohl man sich hier schon an der Nordgrenze des Verbreitungsgebiets der Olive befindet, genießt besonders das Öl aus den „Colline veronesi", den Veroneser Hügeln, einen ausgezeichneten Ruf. Wie bei Wein ist die Herkunft als DOC kontrolliert und die Herkunftsbezeichnung geschützt.*

*Jährlich werden aus 3000–5000 Tonnen meist zwischen November und Januar von Hand gesammelter und unmittelbar verarbeiteter Oliven 500–700 Tonnen Öl gepresst. Als besondere Eigenschaften des grüngoldenen, kräftig-nussig schmeckenden und im Abgang leicht bitteren Öls gelten der niedrige Säuregehalt und die Haltbarkeit.*

heute meist mit *Polenta:* Fester Maisbrei, der mit Salz und feingeriebenem Käse gewürzt frisch aus dem Topf oder in der Pfanne angebraten auf den Teller kommt.

Wenn eine Speise der Patissada den Rang ablaufen kann, dann ist es die **Pearà**, eine Art Brei, der entsteht, wenn man Fleischbrühe, geriebenes Weißbrot und Rindermark zur dicklichen Masse köcheln lässt und mit viel, wirklich viel Pfeffer würzt. Fast wie Kartoffelpürree im tiefen Teller serviert, wird sie in Begleitung von Brot gelöffelt.

Weitere feine Gerichte werden auch aus den **Innereien** von Schwein und Rind zubereitet. So sind die Kutteln fast ein Nationalgericht Norditaliens, natürlich auch Veronas, und Leber nach venezianischer Art ist in der Stadt an der Etsch ebenso ein Standard. Im *Bollito misto* wird nicht nur eine Fleischsorte verarbeitet. In den Eintopf kommen Rind, Schwein, Huhn, optional auch Kaninchen oder Pferdefleisch.

Aus früheren Zeiten, als das Salzen und Trocknen die einzige Möglichkeit der Konservierung war, stammen die **Stockfischrezepte.** Bar jeglicher Feuchtigkeit muss der *Baccalà* (Kabeljau) erst einmal mehrstündig gewässert werden, bevor man ihn weiterverarbeiten kann. Das Einweichwasser sollte möglichst schnell entsorgt werden, wenn man eine feinere Nase besitzt. Der so vorbereitete Stockfisch kommt als Eintopf, als Suppe oder auch als Mus auf den Tisch. Gewürzt wird nach alten Familienrezepten – wohlgehütete Geheimnisse der Dame des Hauses, die an die Nachkommen nur mündlich überliefert werden.

015ve Abb.: sk

► *Lecker belegte Crostini und Tartine gibt's fast überall*

In den Cafés und Bars sind die Auslagen angefüllt mit Tramezzini, Crostini und Tartine. **Tramezzini** sind zwei dreieckig geschnittene, aufeinandergelegte Toastscheiben, zwischen die leckere Füllungen kommen, gerne mit Mayonnaise angefeuchtet, bestehend aus Gemüse, Salaten, Wurstaufschnitt oder Käse – oder allem zusammen. **Crostini und Tartine** sind belegte Weißbrotscheiben, auf denen alles Erdenkliche von Wurst über Käse bis hin zu Fisch und Gemüse drapiert ist. Sie sind die feinen Brüder der *Tramezzini,* die eher einem *con tutto* entsprechen, während auf Crostini und Tartine immer nur eine Geschmacksrichtung vorherrscht.

So bestellt man sich einen Teller mit sechs oder zehn unterschiedlichen Belägen, die man zu einem Kaltgetränk oder auch einem Glas Wein verspeist – ein ideales Gericht für den kleinen Hunger zwischendurch und wesentlich gesünder und wohlschmeckender als süße Riegel aus dem Supermarktregal. Die Köche dieser Köstlichkeiten übertreffen sich gegenseitig in den **Arrangements der Beläge**, sodass jedem das Wasser im Munde zusammenläuft, wenn er einen Blick in die Vitrinen wirft.

Unter den **Naschereien** ist das **Pan d'oro** die berühmteste. Das sehr zarte, luftige „goldene Brot" ist ein Gebäck aus einem Hefeteig mit Mehl, Ei und viel Butter. Traditionellerweise wird das *Pan* zu Weihnachten gebacken und mit viel Vanillezucker bestäubt. Zahlreiche Variationen sind möglich und werden mit Füllungen aus Creme oder Marmelade noch gehaltvoller. Die **Tarta Russa** besteht aus Mürbeteig mit einer Mandelfüllung und kommt so ebenfalls sehr gehaltvoll daher, ihr Name geht auf die russische Kopfbedeckung *Kolpak* zurück, der der Kuchen ähnelt.

Natürlich darf auch bei den Süßigkeiten das Liebespaar nicht fehlen: **Baci di Giulietta e Romeo** sind Pralinés, weiß-schwarze Köstlichkeiten aus Mandeln und Nüssen. **I Galani** kommen zu Fastnacht in die Läden: Teigfladen, die schwimmend in Öl ausgebacken und mit Puderzucker bestreut werden. Und schließlich lockt die **Torta della Rose,** ein Teig, der wie Blüten aufgeht. (Dazu muss der Sauerteig sage und schreibe 55 Stunden gehen!)

## REZEPT FÜR PATISSADA DE CAVAL

*Man nehme 1 kg Jungpferdefleisch aus der Keule und mariniere es mit Gewürznelken und Lorbeerblättern in einem irdenen Gefäß für 24 Stunden. Dann koche man das Fleisch mit Paprikapulver, Pfeffer und Salz, 1 kg Zwiebeln und Wurzelgemüse für zwei Stunden.*

*Nun füge man eine Flasche Rotwein von mindestens 15 Vol.-% Alk. hinzu und lasse das Ganze für weitere zwei Stunden auf dem Feuer. Danach passiere man das Gemüse, sodass es sich mit dem Fleischsaft zu einer dicken Sauce bindet, die das nun fast zerfallene Fleisch umgibt.*

## WEIN

Verona ist **von Weinbergen eingeschlossen**, die ganze Umgebung ist Weinland und in der Stadt findet immer im April die größte Weinmesse Italiens statt (s. „Zur richtigen Zeit am richtigen Ort"). Lange Zeit kam der Rebensaft aus der Valpolicella und dem Bardolino in Zwei-Liter-Flaschen in die Supermärkte jenseits des Gebirges und von dort auf die Bänke in den öffentlichen Parks. Heute hat sich die Situation grundlegend geändert. Die italienischen Weine und besonders jene aus der Provinz Verona haben ihrer hohen Qualität wegen einen wahren **Siegeszug angetreten,** was sich auch im Preis ausdrückt.

Das Valpolicellagebiet ersteckt sich nördlich von Verona, das Soavegebiet östlich, der Bardolino kommt aus dem Westen von den Ufern des Gardasees. Praktisch immer bekommt man in den einfacheren Lokalen, sehr häufig auch in den teureren einen offenen Wein in der Karaffe zu einem viertel, einem halben oder einem ganzen Liter, zumindest aber einen erschwinglichen auf Flasche gezogenen **Hauswein** – den *vino della casa.* Diese sind immer gut zu trinken, wenn sie als Alltagswein natürlich keinen besonders tiefen Charakter besitzen oder Sensationen auf dem Gaumen hervorrufen. Wer will aber schon jeden Tag Weihnachten feiern ...

## Soave

Soave ist für seine leichten und bekömmlichen Weißweine bekannt und wenn nicht Alboin der Langobarde vor eineinhalb Jahrtausenden über die Alpen nach Süden gezogen wäre, gäbe es vielleicht weder die Stadt noch den Wein, der im Verkauf nach dem Chianti mengenmäßig immerhin den zweiten Platz innehat. In Alboins Gefolge befanden sich nämlich Teile des Volkes der germanischen Sueven – Schwaben –, die sich hier ansiedelten und für die Namensgebung verantwortlich zeichneten.

Es werden die Trauben Trebbiano und Chardonnay angebaut, noch aus der Antike stammt die wichtigste und typischste Sorte Garganega. Jedes Örtchen im Soavegebiet hat seine **besonderen Böden**, die dem jeweiligen Wein eine ganz spezielle Note verleihen sollen, sodass die feinsten Nasen zumindest auf eine kleine Weltreise gehen können. Eine Besonderheit stellt der Dessertwein *Recioto di Soave* dar, eine Art Trockenbeerenauslese und mit der höchsten italienischen Weinauszeichnung geadelt: DOCG – kontrolliert und garantiert.

## Bardolino

Der Bardolino ist ein leichter roter oder Roséwein aus den Trauben Corvina, Negrara, Rondinella und Molinara. Ein **hervorragender, ehrlich-einfacher Alltagswein**, der, weil auch meist schon ein- oder zweijährig getrunken, keinen schweren Kopf macht und eine Pasta oder eine Pizza bestens begleitet. Er eignet sich zudem als Mittel zum Zwecke einer *ombretta* – eines kleinen Schattens –, wenn man sich den lieben langen Tag nur ab und an ein Schlückchen gönnt und so nicht nüchtern bleibt, aber auch nicht wirklich alkoholisiert ist.

Je näher die Lagen dem **Ufer des Gardasees** liegen, desto qualitätsvoller gilt der produzierte Wein, da er einen reicheren Körper besitzt als der abseits des Sees angebaute. Der *Novello* aus dem Bardolinogebiet kommt noch im Jahr der Lese im Spätherbst in die Geschäfte und wird wie der *Beaujolais primeur* umgehend konsumiert. Die Rosés werden in den etwas kräftigeren *rosato* und den helleren und leichteren *chiaretto* unterteilt.

## Valpolicella

Das Valpolicellagebiet ist die für Verona wichtigste Anbauregion, nicht nur weil es der Stadt am nächsten liegt, sondern weil – so behaupten zumindest die Lokalpatrioten – der beste Wein von hier kommt. Und das ist sicherlich der **Recioto della Valpolicella.** Er entsteht wie sein Bruder aus dem Soave aus getrockneten Trauben. Der Wein wird ganz normal gekeltert und kann in Fässern gären, doch im Dezember wird noch einmal Most hinzugefügt, der aus Beeren gepresst wurde, die bis dahin vor sich hin getrocknet sind und fast Rosinencharakter haben. Mit der Hinzufügung des süßen Mostes wird eine zweite Gärung eingeleitet, *governo* genannt.

Genaue Bemessungen des Zuckergehaltes lassen so eine liebliche Version entstehen, den Recioto, und eine trockene, gehaltvolle Version – den **Amarone della Valpolicella**, der Beherrscher aller Weine in den Restaurants nicht nur von Verona. 15 % Alkoholgehalt ist das Minimum, kann aber bis zu 17 % oder 18 % ansteigen. Der mit einem leicht bitteren Abgang ausgestattete, tiefrote, fast ölige Wein lässt sich Jahrzehnte lagern. Die besten Lagen werden zu astronomischen Preisen gehandelt, doch gute Qualität ist auch günstiger zu haben.

016ve Abb.: sk

Die kultivierten Rebsorten des Valpolicella entsprechen denen des Bardolino, wobei die etwas rustikale Rondinella in geringeren Anteilen benutzt wird. Die wichtigste und hochwertigste Traube ist die **Corvina**, die als *corvina veronese* und *corvinon* vorkommt. Zwischen 40 und 70 % dieser Sorte müssen in einem DOC-Wein aus dem Valpolicella verarbeitet sein. Meist kommt von ihr aber nur die zweite Wahl in die „normalen" Weine, die erste wird für den Recioto und den Amarone verwendet. Will man also keinen dieser beiden kaufen, sollte man sich ein Weingut aussuchen, das auch für einen einfachen Valpolicella Trauben erster Qualität verwendet.

▲ *Tropfen hoher Qualität finden sich in Veronas Weinkellern*

## TRINK-, BEDIENUNGSGELD UND COPERTO

Mitteleuropäer empfinden es häufig als ungerecht, dass man als Gast für das Eindecken des Tisches bezahlen soll. Doch das *coperto* beinhaltet auch das Brot, das bei uns häufig extra berechnet wird, und außerdem gilt: andere Länder, andere Sitten. Die Höhe des *coperto* ist auf den Aushängen der Lokale in der Regel angegeben und bewegt sich von 50 Cent (einfaches Lokal) bis hinauf zu 5 € (Luxusrestaurant). Typisch ist aber ein Betrag zwischen 1,50 und 2,50 €.

Man achte bei der Bestellung darauf, ob der *servizio* (das Bedienungsgeld) im Preis enthalten ist oder ob es aufgeschlagen wird (normalerweise 10 % des Rechnungsbetrages). Einen entsprechenden Vermerk findet man auf der Speisekarte.

## VERONESER GASTRONOMIE

### Restaurants

**26** [I7] **Al Vecio Bragozzo** €€€, Vicolo Chiodo 4, Tel. 045 8033546, Di. geschlossen. Elegantes Restaurant in einer kleinen Gasse, das „solo pesce" serviert – nur Fisch. Antipasto um 15 €, Primo um 15 € und Secondo um 20 €.

**27** [K7] **Antica Trattoria Al Bersagliere** €€, Via dietro Pallone 1, Tel. 045 8004824, So. geschlossen. An den Wänden finden sich zahllose Fotos von Leuten, die wissen sollten, was gute Veroneser Küche ist. Ist man Leo, dem Chef, sympathisch, wird man einen denkwürdigen Abend erleben und darf vielleicht einen Blick in das Gewölbe mit dem Weinlager werfen. Auf den Tisch kommen Spezialitäten, darunter natürlich – aber eben nicht nur – Pferdefleisch, z. B. als Eintopf mit Polenta angerichtet. Hausgemachte Salami, Nudeln in Butter und mit Salbei und eine *Tarta diplomatico* könnten ein Menü vervollständigen. Man speist für 25–35 €, kann aber abhängig von der Weinwahl um ein Vielfaches tiefer in den Geldbeutel greifen. Wer den Rebensaft zu (vergleichsweise!) moderaten Preisen bestellen will, ist mit einer Flasche *Amarone della Valpolicella* nicht schlecht beraten.

**28** [I7] **Antica Trattoria Valverde** €-€€, Via di San Antonio 19b, Tel. 045 8006791, Mo.–Sa. 18.30–22 Uhr. Hell eingerichtete Trattoria mit angenehm aufmerksamem Personal, Barmusik im Hintergrund und moderaten Preisen. Die Küche ist veronesisch-venetisch und die Speisen unprätentiös angerichtet, um 25 €.

**29** [J6] **Antichi Sapori** €, Via Pellicciai 20, Tel. 045 594454, Mo. geschlossen. Hier gibt es alles auch zum Mitnehmen, besser und netter isst man aber in den „Ewigen Genüssen": Zum Beispiel *Pearà,* eines der typischen Gerichte der Stadt aus Knochenmark, Brot, Butter, Fleischbrühe, Pfeffer und Granakäse, mehrstündig zu einer fast pürreeartigen Konsistenz gekocht. Fleisch kommt als Eintopf oder vom Rost auf den Tisch. Wer keinen großen Hunger hat, isst ein Panino, ab 15 €.

**30** [K6] **Antico Caffe Dante** €€, Piazza dei Signori 6, Tel. 045 8000083, So. und Mo.-mittag geschlossen. Elegantes Lokal mit Tischen auf der berühmten Piazza, gehobenes Preisniveau (immerhin gilt man als ältestes Kaffeehaus der Stadt), sodass man um 40 € pro Person rechnen muss.

**31** [K6] **Bottega/Ristorante Al Cristo** €€, Largo Pescheria Vecchia 6, Tel. 045 594287, Mo. geschlossen. In einem Palast aus dem 16. Jh. gibt es in der eleganten Atmosphäre der „International

## LUST AUF EINE ZIGARETTE?

*In Italien herrscht in allen öffentlich zugänglichen Gebäuden und in allen Lokalen ein striktes Rauchverbot, das mittels hoher Geldstrafen gnadenlos durchgesetzt wird. Wer es nicht lassen kann, setzt sich entweder im Freien nieder oder verlässt das Lokal für einen Moment – die Wirte zeigen Nachsicht und haben an den Eingängen Aschenbecher aufgestellt.*

## RESTAURANTKATEGORIEN

Preise für ein Menü mit Vorspeise (Primo), Hauptspeise und Nachtisch ohne Getränke:

| | |
|---|---|
| **€** | bis 25 € |
| **€€** | 20–50 € |
| **€€€** | ab 50 € |

Wine Bar" gehobene italienische Küche, rohen Fisch auf Japanisch (die Wirtsfamilie war in Japan) und in der angeschlossenen Bottega spanische Tapas. Die Weinkarte ist überdimensional und man findet die besten Weine aus der Umgebung der Stadt, ab 40 €.

32 [J7] **Bottiglieria & Ristorante Corsini** €, Largo Divisione Pasubio 2, Tel. 045 596657. Zwischen Wänden aus Flaschen sitzt man drinnen bequem an den Tischen, kostet die Weine und blickt durch vorhangdrapierte Fenster auf die Stadtmauer gegenüber. Im Sommer verlagert sich alles nach draußen und dann sind nicht nur die Tische besetzt, in Trauben steht man herum und schlürft Alkoholisches. Dazu gibt es belegte Brötchen, *Tramezzini* oder auch größeres: Pasta ab 7 €, Hauptgerichte ab 10 €. Hat der Wein geschmeckt, kann man ihn gleich kistenweise erwerben und nach Hause mitnehmen.

33 [K5] **Hostaria La Vecchia Fontanina** €, Piazzetta Chiavica 5, Tel. 045 591159, So. geschlossen. Die kleine, gemütliche Gaststätte beschränkt sich bei der Karte aufs Wesentliche, dafür sind die Preise sehr moderat: Primo ab 6,50 €, Secondo ab 8 €.

34 [K6] **La Taverna di Via Stella** €, Via Stella 5c, Tel. 045 8008008, Mo.-mittag und Mi. geschlossen. Das kleine Lokal brilliert mit Atmosphäre und Veroneser Küche wie Pappardelle mit Stockfisch, Pferderagout mit Rauke und Parmesan oder Kaninchen mit Polenta. Als Nachtisch kommt eine Schokoladensalami auf den Tisch. Primi um 9 €, Secondi um 11 €.

35 [K5] **Osteria Alvoca del Frate** €, Via Ponte Pietra 19a, Tel. 045 8000653, kein Ruhetag. Von außen fast nicht als Lokal zu erkennen, eröffnen sich innen im kleinen Gastraum die besten Veroneser Genüsse, angefangen vom Tartine-Teller mit acht Schnittchen für 8 €, das Glas Wein dazu 3 € oder warme Gerichte wie *Bollito misto* mit Huhn, Rind, Würsten und Zunge oder das Traditionsgericht *Pearà*. Wer eine Pasta will, sollte diese mit Ei, Sardinen, Oliven, Tomaten und Erdnüssen bestellen, eine weitere Spezialität sind Tagliatelle mit Eselsragout.

36 [I7] **Osteria Casa Vino** €-€€, Vicolo Morette 8, Tel. 045 8004337, Mi. geschlossen. Kleines Lokal mit 30 Stühlen innen und einem Freisitz. Ausgezeichnet zubereitete Spezialitäten aus dem Veneto wie Auberginenravioli mit Basilikum und Kaninchen. Primi ab 8 €, Secondi ab 10 €.

37 [K5] **Osteria Giulietta e Romeo** €-€€, Corso Sant'Anastasia 27, Tel. 045 8009177, So. und Mo.-mittag geschlossen. Die gemütliche Atmosphäre mit Hexenfiguren in jedem der kleinen Räume lädt zu einem entspannten Abend ein. Auf der Karte überwiegen Gerichte mit Pferdefleisch, ab 15 €.

38 [J6] **Osteria Le Vecete** €€, Via Pellicciai 32, Tel. 045 594748, kein Ruhetag. Die älteste Gaststätte Veronas besitzt einen vorzüglichen Weinkeller mit über 120 Weinsorten. Berühmt ist das Lokal für seine *Tartine*, den vielfältig belegten Brötchen, die sich hervorragend als Begleiter von Wein machen. Ein Essen schlägt mit etwa 25 € zu Buche.

39 [K5] **Osteria Sottoriva** €, Via Sottoriva 9a, Tel. 045 8014323, Mi. geschlossen. Das kleine, urige Lokal hat im Gastraum nur vier Tische, meist sitzt man aber draußen unter den Arkaden und speist die ultimativen Veroneser Spezialitäten: *Pastissada de Caval con Polenta, Trippa* (Kutteln) und *Peperonata* – ein Paprikagericht. Primi kosten um 8 €, zum *coperto* gibt's einen Espresso gratis dazu.

40 [J6] **Ristorante 12 Apostoli** €€€, Corticella San Marco 3, Tel. 045 596999, So.-abend und Mo. geschlossen. Wer den Tisch für das Abendessen vorbestellt, darf seinen Aperitif in den

römischen Kellergewölben genießen. Der Speisesaal oben ist mittelalterlich ausgemalt und auf den Tisch kommt gehobene Küche. Die Traditionsadresse ist auch für ihre breite Weinauswahl bekannt. Wenn man hier zuschlägt, wird der Abend aber teuer, um 50 €.

**41** [F6] **Ristorante Al Calmiere** €€€, Piazza San Zeno 10, Tel. 045 8030765, So.-abend und Mo. geschlossen. Veroneser Küche vom Feinsten wird unter der niedrigen Holzbalkendecke in elegantem Ambiente serviert. Ausgelöstes Pferdefleisch auf Rucola mit Granakäse wäre eine Vorspeise, Pökelfleisch ein mögliches Hauptgericht – oder doch lieber Tartar vom Rind oder Pferd? Mit 50 € pro Person sollte man schon rechnen, zu den Preisen auf der Karte addieren sich 10 % *servizio.*

**42** [K5] **Ristorante Antica Torretta** €€-€€€, Piazza Broilo 1, Tel. 045 8015292. Als „raffinato e elegante" beschreiben die Italiener das Lokal, der Blick auf den Turm des Domes vom Freisitz ist wunderschön. Die Preise gelten als jenseits von gehoben, das *coperto* allein kostet immerhin 4 €, Vorspeisen ab 12 €, Hauptgerichte um 20 €.

**43** [G5] **Ristorante Antico Tripoli** €€-€€€, Via Spagna 2, Tel. 045 8035756, Sa.-mittag und Di. geschlossen. Elegante Einrichtungen und kleiner hübscher Garten mit Zypressen und Palmen. Eine Spezialität ist *Stracetti di Cavallo in Insalata* (Filetscheibchen vom Pferd auf Salat). Primi ab 10, Secondi ab 18 €.

**44** [K6] **Ristorante Arche** €€-€€€, Via Arche Scaligere 6, Tel. 045 8007415, So. und Mo.-mittag geschlossen. Wenn die Veroneser Fisch essen wollen, gehen sie traditionsgemäß in das Arche neben Romeos Haus. Billig ist es hier nicht, dafür ist das Essen ausgezeichnet und die Weinkarte dementsprechend. Während man in Frankreich Adlige zur Guillotine führte, unterzeichnete man in Verona den Vertrag für das Gasthaus, in dem Reisende (vielleicht auf der Flucht vor dem Fallbeil?) unterkamen, die Urkunde von 1789 hängt an der Wand. Für ein *Primo* zahlt man ab 20 €, das Hauptgericht kostet ab 30 €. Nicht schlecht beraten ist man mit dem angebotenen Menü (ab etwa 35 €).

**45** [I7] **Ristorante Brek** €, Piazza Brà 20, Tel. 045 8004561, kein Ruhetag. Der große Vorteil sind die günstigen Preise und der Umstand, dass man sich selbst bedienend die Speisen durch Inaugenscheinnahme aussuchen kann – damit ist auch die Schnelligkeit gewährleistet. Die Küche ist in Ordnung und steht über dem Standard eines gewöhnlichen Selbstbedienungsrestaurants, ab 10 €.

017ve Abb.: sk

▶ *Im Corte Farina ist die Einrichtung stylish*

EXTRATIPP

*Festes Menü mit Aussicht!*

*4 km nördlich des Veroneser Zentrums und 1 km von der Wallfahrtskirche Santuario Ns. Senora di Lourdes entfernt befindet sich in den Veroneser Hügeln ein kleines Lokal mit Terrasse, das Locanda San Leonardo. Zwei feste Menüs sind jeweils im täglichen Angebot für je 25 € (inklusive Getränke und Nachtisch). Jeden Freitag wird Fisch serviert, dann zahlt man 32 €. Lage und Speisenqualität sind hervorragend!*

› ***Locanda San Leonardo €€,*** *Via dei Colli 31, Tel. 3289608077, Juni–Sept. Mo.–Sa. jeden Abend, sonst Fr./Sa.-abend und So.-mittag, Anfahrt mit Bus Nr. 41/95*

46 [J6] **Ristorante Corte Farina** €-€€, Corte Farina 4, Tel. 045 8000440. Grasgrüne Wände, weiße Stühle und schwarze Tischschleppen, darauf Fleisch aus Argentinien (um 12 €) und Pizza (ab 3,50 €), auch Tische auf der Piazza.

47 [J6] **Ristorante S. Eufemia** €€, Via Emilei 24, Tel. 045 8006865, So. geschlossen. Eine ganze Gasse ist für das Lokal abgesperrt und im Sommer speist man unter den Straßenlaternen mit dem richtigen südlichen Feeling. Antipasto ab 8 €, Primo und Secondo jeweils um 12 €.

EXTRATIPP

*Dinner for one*

*Wer alleine speisen möchte (oder muss): Kein Problem! Immer wird sich ein Tisch finden und es gehört zum guten Ton der italienischen Gastronomie, dass niemand an einen Tisch hinzugesetzt wird.*

48 [J6] **Ristorante Greppia** €€, Vicolo Samaritana 3, Tel. 045 8004577, Mo. geschlossen. Unter Gewölbe oder draußen auf der Piazzetta genießt man traditionelle Gerichte aus Verona und dem Veneto wie den Fleischeintopf *Bolliti misto.* Gerne kommt man vor der Oper hierher, wobei man dann unbedingt reservieren sollte. Auch sonntagmittags hat es den Anschein, als ob die ganze Stadt hier zu speisen wünscht. Primo ab 7 €, Secondo 12–20 €.

49 [K4] **Ristorante Re Teodorico** €€€, Castel San Pietro, Tel. 045 8349990, So.-mittag und Mi. geschlossen. Hierher geht man vornehmlich an heißen Sommerabenden, um den kühlenden Hauch auf der Terrasse und den fantastischen Blick über die Stadt zu genießen. Die konkurrenzlose Lage führt mit zu den gehobenen Preisen, obwohl die Küche durchaus auch als sehr gut gilt, ab 50 €.

50 [L5] **Trattoria dal Ropeton** €, Salita Fontana del Ferro 1, Tel. 045 8030040, Di. geschlossen. Man sitzt im Gastraum unten oder oben auf der Terrasse und speist Veroneser Küche zu günstigen Preisen. Pasta gibt es ab 6,50 €, das Hauptgericht kostet ab 9 €. Der „Sprachrüpel" ist eine Traditionsadresse für gutes, günstiges Speisen.

51 [G6] **Trattoria 'Na Scarpa & 'N Socolo** €, Piazza Corrubbio 30, Tel. 045 8030387, So.-mittag und Mo. geschlossen. Hier sitzt man Schulter an Schulter, Rücken an Rücken und teilt sich die kleinen Tische mit den Einheimischen. Die Wände sind dicht behängt, hier und dort finden sich quietschbunte Plastikteile. Die Preise sind ebenfalls wie aus einer anderen Zeit: Spanferkel mit Pilzen 6,71 €, in Rotwein mariniertes Pferdefleisch oder Polenta mit Schnecken in Tomatensauce 7,74 €.

52 [J7] **Trattoria Rana/ Tre Corone** €€-€€€, Piazza Brà, Tel. 045 8002462, 12.30–14.30 und ab 19.30

Uhr, So.-abend und Mo geschlossen, während der Opernsaison Juni–August abends schon ab 18.30 Uhr geöffnet und ohne Ruhetag. Elegante Adresse voller Tradition (in einem Palazzo aus dem 16. Jh., den einst ein Barone ganz für sich alleine bewohnte), wenn die Einheimischen die Preise auch für überhöht halten – aber man kann ja nicht umsonst mit Blick auf die Arena sitzen. Es gibt spezielle Karten für das Dinner vor (ab 18.30 Uhr) und nach der Opernaufführung – eine Reservierung ist dann angeraten, ab 40 €.

018ve Abb.: sk

EXTRATIPP

### Wenn Fußballer essen

*Verona besitzt* ***zwei Fußballklubs:*** *Chievo Verona spielt in der 1. Liga und Hellas Verona in der 3. Liga. Es ist Ehrensache, dass die Fans des jeweiligen Klubs ihr Lokal als Treffpunkt haben. Die* ***Freunde Chievo Veronas*** *bevorzugen die Osteria/Enoteca Al Carro Armato. In uriger Atmosphäre sitzt man an einfachen Holztischen auf Holzbänken, trinkt oder isst und trinkt. Das Glas Wein kostet 1,30 €, eine Suppe oder eine Pasta ab 5,50 €.*

*Die* ***Anhänger von Hellas Verona*** *hingegen versammeln sich in der Trattoria alla Colonna. Das Lokal und die Schürzen des Personals sind in den Vereinsfarben Gelb-Blau gehalten, wer Böses über den Klub sagt, erhält eine an die Tür geheftete schriftliche Verwarnung, das Wiener Schnitzel bestellt sich in drei Größen und für 20 € geht man satt und zufrieden nach Hause.*

53 *[K5]* ***Osteria/Enoteca Al Carro Armato*** *€, Vicolo Gatto 2a, Tel. 045 8030175, Mo. geschlossen*

54 *[K6]* ***Trattoria alla Colonna*** *€, Largo Pescheria Vecchia 4, Tel. 045 596718, So. geschlossen*

## Pizzerien

55 [L6] **Pizzeria da Salvatore** €, Piazza San Tomaso 6, Tel. 045 8030366, So.-mittag und Mo. geschlossen. Hier kommt man nicht wegen des Ambientes her, sondern weil die Pizza ausgezeichnet und günstig ist. Daher ist der Laden meist brechend voll.

56 [K6] **Pizzeria Impero** €, Piazza dei Signori 8, Tel. 045 8030160. Mit Pizza und einfachem Getränk wird man für unter 10 € satt und hat dennoch die Paläste der Herrscher Veronas vor Augen.

57 [J8] **Pizzeria/Ristorante Al Bracere** €, Via Adigetto 6a, Tel. 045 597249, kein Ruhetag. In einer säkularisierten Kirche aus dem 13. Jh. gibt es gute Pizza und aufmerksames, schnelles Personal. Man sitzt im Langschiff und hat unendlich hoch über sich riesige Lampions als Beleuchtungskörper hängen. Ab 10 €, wer die Spezialitäten aus dem Trentino und dem Veneto bestellt, kann bis zu 30 € zahlen.

▲ *Das Piper oben in den Bergen wurde perfekt eingerichtet*

EXTRATIPP

*Vegetarisches Essen*

*Wer vegetarisch speisen möchte, hat es in Italien nicht schwer. Man geht einfach in eine Pizzeria und bestellt sich seinen Pizzabelag so, wie man es gern möchte – eben ohne Fleisch oder Fisch. Auch in den Bars findet man eine große Auswahl an leckeren Häppchen, die vegetarisch belegt sind.*

58 [H9] **Pizzeria/Tavola Calda delle Nazioni** €, Circonvalazione Oriani 2, Tel. 045 8033503. Unweit des Bahnhofes ist dies der ideale Ort, um sich vor einer langen Fahrt zu stärken und dabei den Geldbeutel nicht allzu sehr zu strapazieren. Wenn der Speiseraum auch riesig ist und jedem Wartesaal Ehre machen würde, so ist es hier doch hell und sauber, das Personal flink und die Küche gut. Pizza ab 4,50 €, Pasta ab 5 €.

59 [J6] **Ristorante/Pizzeria San Matteo Church** €-€€, Vicolo del Guasto 4, Tel. 045 8004538, kein Ruhetag. Vielleicht ist das Restaurant nur deswegen zum Hit der Veroneser Jugend geworden, weil man über der und mit Blick auf die Krypta und im ehemaligen Altarraum speist. Das Essen und die Pizzen sind dennoch gut, das Mittagsmenü mit Primo, Secondo und Beilage kostet etwa 15 € und man darf aus mehreren Gerichten wählen. Abends à la carte zahlt man etwa 25 €.

## CAFÉS UND EIS

61 [J5] **Caffetteria Al Duomo,** Piazza Duomo. Geht man durch das Lokal hindurch, kommt man zu einem kleinen beschatteten Innenhof, wo Salate und Sandwiches serviert werden. Morgens geht es an der Theke recht lebendig zu, wenn die Veroneser hier einen Kaffee und das obligatorische Hörnchen verspeisen.

62 [J6] **Café Aquila Nera,** Galleria Pellicciai 2, Tel. 045 8010172. Die Bar steht in der Mitte und ist so von allen Seiten belagerbar – das aber geschieht nur abends. Tagsüber sitzt man in den bequemen und großen Lederfauteuils, schlürft seinen Latte Macchiatto, liest Zeitung oder schaut dem Treiben in der Gasse zu.

63 [I6] **Caffè Cavour 13,** Corso Cavour 13, Tel. 045 8004541. Dem 1970er-Jahre-Mief der Einrichtung setzt dieses Café weiße Polstern und dekorative Teppiche an den Wänden entgegen – mit Erfolg. Es ist schick, gemütlich und beliebt bei den Damen, die sich vom Shopping erholen.

64 [K6] **Caffè Coloniale,** Piazzetta Viviani 14c, Tel. 045 8012647. Draußen

EXTRATIPP

*Bar, Restaurant and more*

***Piper** heißt die Lokalität etwas außerhalb bei Torricelle 5 Kilometer nördlich vom Zentrum in den Veroneser Hügeln gelegen. Restaurant, Pizzeria und Loungebar teilen sich in einen ausgedehnten Komplex mit zahlreichen Terrassen. Wenn man hierhin anreist, verbringt man auch den ganzen Abend im Piper, wobei das Essen gar nicht mal so teuer ist, wie es die extravagante, hypermoderne Einrichtung erwarten lässt. Eine Reservierung ist unumgänglich!*

› ***Piper** €€, Via Torricelle 7a, Tel. 045 8309353*

EXTRATIPP

***Beste Aussichten!***

*Die Terrasse des **Ristorante Re Teodorico** (s. S. 28) oberhalb des Römischen Theaters 32 erlaubt beim Schmausen einen fantastischen Blick von hoch oben auf die Silhouette der Stadt. Sowohl das **Cappa Café** (s. S. 32) als auch die **Bar al Ponte** (s. S. 32) entführen die Augen in die römische Zeit mit dem antiken Ponte Pietra 16 im Blickfeld.*

auf der Piazza oder drinnen sitzt man bequem auf Korbstühlen, ein guter Platz für einen ruhigen Morgen mit der Zeitung.

65 [I7] **Gelateria Bonvicini,** Vicolo Ghiaia 5a, Tel. 045 8000148. Etwas versteckt hinter der Portoni della Brà wird über den Tresen Eis verkauft – wie auch in vielen anderen Gelaterias in der Stadt. Zu Bonvicini kommt man aber speziell wegen des Fruchteises. Kein anderer Eishersteller, so sagen die Veroneser, kann dem Laden in dieser Hinsicht das Wasser reichen.

66 [I7] **Gelateria Savoia,** Via Roma 1b, Tel. 045 8002211, November bis Februar geschlossen. Geht man wegen des Fruchteises zu Bonvicini, wählt der einheimische Eingeweihte seit 1939 Milcheis aus der Vitrine vom Savoia gleich um die Ecke von der Piazza Brà.

67 [G6] **Pasticceria San Zeno,** Piazza Corrubio 33c, Tel. 045 592750. Süße, anerkannt gute Köstlichkeiten und Kaffee werden drinnen oder auf dem schmalen Bürgersteig draußen serviert.

EXTRATIPP

***Kultur unter freiem Himmel***

*Der **Opernsommer** und der **Theatersommer** der Stadt Verona findet unter freiem Himmel in der Arena 2 und dem Römischen Theater 32 statt – fast alle anderen Spielstätten haben dann hitzefrei.*

# VERONA AM ABEND

*Wenn im Sommer die drückende Tageshitze zu Ende geht, dann ist es an der Zeit, die kühle Wohnung zu verlassen und die Straßen zu bevölkern, im Restaurant zu speisen, am Corso teilzunehmen und ab und an in einer Bar ein Getränk zu bestellen. Wer dann noch unternehmungslustig ist, geht in einen Klub oder eine Disco.*

## THEATER UND KONZERTE

2 [J7] **Arena,** Piazza Brà, Tel. 045 8003204, Karten: Via Dietro Anfiteatro 6b, Tel. 045 8005151, Fax 045 973499. Zwischen Juni und August finden hier die berühmten Opernaufführungen statt. www.arena.it, www.veronaticket.com

68 [N7] **Teatro Camploy,** Via Cantarane 32, Tel. 045 8009549 u. 045 8008184. Sprechtheater, Tanztheater, moderne Konzerte und Jazz.

69 [I7] **Teatro Filarmonico,** Via dei Mutilati 4k, Eintrittskarten über Box Office Verona (s. S. 108). Philharmonie der Stadt mit Konzerten und Bühnenstücken.

70 [K7] **Teatro Filippini,** Vicolo Dietro Campanile Filippini 1, Tel. 045 8001471 u. 045 595284, Fax 045 8009850. Moderne Theaterstücke.

71 [K6] **Teatro Nuovo,** Piazza Francesco Viviani 10, Eintrittskarten über Box Office Verona (s. S. 108). Klassische und moderne Stücke.

32 [K5] **Teatro Romano,** Rigaste Redentore 2, Tel. 045 8000360, Karten: Palazzo Barbieri, Angolo Via Leoncino 61, www.estateteatraleveronese.it, Tel. 045 8066485. Die *Estate Teatrale Veronese,* der Veroneser Theatersommer, lädt zu Aufführungen vor beeindruckender Kulisse.

## NACHTLEBEN

### Bars, Weinstuben und Co.

72 [K5] **Bar al Ponte,** Via Ponte Pietra 26a, Tel. 045 569608. Bar und Weinstube mit einer Terrasse direkt an der alten römischen Brücke und mit Blick auf das Römische Theater gegenüber. Außerhalb der Saison macht man erst abends auf, im Sommer sind die Plätze draußen natürlich heiß begehrt.

019ve Abb.: sk

73 [F6] **Bar/Enoteca Al Mascaron,** Piazza San Zeno 16, Tel. 045 597081, 8–14.30 und 18–2 Uhr. Die kleine Aperitif-Bar ist bei Jugendlichen und Geschäftsleuten gleichermaßen angesagt, die meisten Besucher stehen oder sitzen draußen am Platz an schwarzgedeckten Tischen, rauchen und bestellen Champagner glasweise oder schlürfen an Cocktails. Drinnen tönt dezente Barmusik, das Piano dient eigentlich nur zum Abstellen der Getränke.

74 [K6] **bloom,** Piazza Erbe, Tel. 045 8002410. Wer sich für angesagt hält, sitzt drinnen im gestylten Café und schlürft Säfte und Cocktails. Wer draußen sitzt, ist immerhin mitten im Geschehen der Piazza Erbe.

75 [L6] **Café Carducci,** Via Carducci 12, Tel. 045 8030604. Ideal für eine Pause in Veronetta. Unter den Gewölbebögen gibt es seit 1928 *Tramezzini* und Wein aus dem gut sortierten Lager, der auch glasweise ausgeschenkt wird – vielleicht kommt man ja mit den Einheimischen ins Gespräch.

76 [K5] **Cappa Café,** Piazzetta Brà Molinari, Tel. 045 8004516, www.cappacafe.it. Entweder sitzt man an der Piazza oder auf der kleinen Terrasse mit Blick auf den Ponte Pietra oder innen auf marokkanischen Sitzkissen. Das arabische Flair beschränkt sich aber auf diese, sodass man ausgewachsene Mahlzeiten mit Pasta, Pizza oder auch nur belegte Brötchen zu sich nehmen kann – nach Büroschluss genehmigt man sich hier auch gerne einen Cocktail.

77 [K6] **Locandina Cappello,** Via Cappello 16, Tel. 045 8035218. Entweder holt man sich die köstlich belegten *Crostini* am Fenster zur Straße ab und isst sie aus der Hand oder man steigt mit dem Teller die Treppe hinunter ins Kellergewölbe und

speist die Schnittchen auf Holzbänken. Dazu gibt es ein Glas oder eine Flasche Wein.

**78** [J6] **Osteria del Bugiardo,** Corso Portoni Borsari 17a, Tel. 045 591869, Di.–Do. u. So. 11–22 Uhr, Fr. u. Sa. 11–24 Uhr. Für die Veroneser ein angesagter Ort, sie nehmen ein Glas Wein, Brötchen und Häppchen und unterhalten sich.

**79** [G6] **Vino dú de Spade,** Piazza Corrubio, Mo.–Fr. 7.12–20.45 Uhr, Sa. 7.29–13.59 u. 16.59–20.45 Uhr, So. 8–13 Uhr. Wo das Glas Wein 1 € kostet und das gut gefüllte Panino 2,50 €, da kommen nicht nur San-Zeno-Besucher, sondern vor allem die lokalen Senioren zusammen, um ein Gläschen zu heben und nostalgische Lieder anzustimmen.

## Livemusik, Discos und Klubs

› **Alter Ego,** Via Torricelle 9, Tel. 045 915130 (5 km vom Zentrum im Norden). Am Freitag wird Musik für die ruhigeren Geister gespielt, am Samstag fetzt Techno über die Tanzfläche und am Sonntagnachmittag treffen sich die jüngeren *ragazzi* – denen der Zutritt aus Altersgründen sonst verwehrt ist – zum Abtanzen.

**80** [G7] **Disco/Bar La Scala,** Via Provolo 24, Tel. 3921881973. Am Freitag und Samstag werfen die DJs im Speisesaal Musik aus den 1970er- und 1980er-Jahren auf den Plattenteller, gegessen werden kann auch, der Eintritt (Verzehrbon) beträgt 10 €. In der Taverne wird Housemusik aufgelegt und abgetanzt.

**81** **Disco Berfi's,** Via Lussemburgo 1, Tel. 045 508024, www.berfis.com. Das Berfi's hat nur Fr.–So. geöffnet, die kleinere der beiden Tanzflächen wird mit 1970er- und 1980er-Musik bespielt, auf der größeren kommt House und Hip-Hop aus den Lautsprechern.

**82** [J7] **Le Cantine de l'Arena,** Piazzetta Scalette Rubiani (Piazza Brà), Tel. 045 8026373, www.lecantine-arena.com. Wenn am Abend die Tische draußen am Platz dicht bevölkert sind und die Pizzen schon in den Mägen liegen, schleichen donnerstags die Fans ins Gebäude, steigen die Treppe hinab und lauschen im Kellergewölbe den coolen Klängen und heißen Rythmen der Jazzgrößen; freitags gibt es Blues und am Sonntag ist Jamsession. Das Restaurant ist Di.–Sa. 12–14.30 und 19–23.30 Uhr geöffnet, das Gewölbe bis tief in die Nacht.

**83** [J6] **Music-Bar M27,** Via Mazzini 27, Tel. 045 8034242, Di.–So. 9–2 Uhr. Wenn es in Verona schick ist, schick auszugehen und schicke Leute zu treffen, dann hier. Cocktails schlürfend wippt man leicht in den Knien zur Musik des DJs, mehr sollte man sich aber nicht bewegen – das wäre uncool.

**84** [K5] **Piano Bar Madonna Verona,** Via Don Bassi 4, Tel. 045 595040, ab 18 Uhr–4 Uhr morgens. Dunkel und plüschig und mit einem Sammelsurium an Einrichtungsgegenständen ausgestattet erinnert der Laden fast an ein Trödlergeschäft. Im Winter wird zum Wochenende hin ab 23 Uhr das Piano bespielt, auf Vorbestellung gibt es zudem ein normales Essen, ansonsten nur kleine Gerichte, die zu den Cocktails und Weinen gereicht werden.

EXTRATIPP

*Heiß auf Eis*

*Wem nachts noch der Sinn nach Abkühlung steht, der geht einfach in eine Bar. Die meisten verkaufen konfektioniertes „gelato" aus der Tiefkühltruhe!*

◄ *Wenn es kühler wird, macht sich jeder auf den Weg ins Zentrum*

# VERONA FÜR KUNST- UND MUSEUMSFREUNDE

*In Verona und seinen Museen breitet sich das ganze Potpourri der geschichtlichen Entwicklung Europas aus, von den alten Römern über die Hochzeiten des Mittelalters bis hin zur Neuzeit. Besonders Freunde kirchlicher Kunst werden in den Gotteshäusern und Museen fündig.*

Wichtigste Auftraggeber und initiativ verantwortlich dafür, dass Verona ein Zentrum der Kunst wurde, sind die **Skaliger** gewesen, deren Hofhaltung zahlreiche Kunstschaffende der Architektur, Malerei und Dichtung anzog, darunter den italienischen Nationaldichter Dante Alighieri (1265–1321).

Altichiero da Zevio (1339–1390) stammte aus Zevio und wirkte in Verona. Die von ihm gegründete **Veroneser Malschule** brachte der **Freskenmalerei** neue Impulse und beeinflusste durch sein Werk maßgeblich die Renaissancemalerei in der Stadt und in ganz Norditalien. Antonio Pisanello (1395–1455) war als Maler zwischen Spätgotik und Frührenaissance in ganz Italien tätig. Nur zwei Fresken seines Werkes sind erhalten geblieben und beide finden sich in Verona (s. u.). Andrea Mantegna (1431–1506) ist der bedeutendste Maler der oberitalienischen Frührenaissance. Im 15. Jh. erlangte der Veroneser Dominikaner Fra Giocondo (1435–1515) als Baumeister der Renaissance Berühmtheit in ganz Italien.

020ve Abb.: sk

Liberale da Verona (1441–1526) nahm sich einen der größten italienischen Maler der Frührenaissance, Mantegna, zum Vorbild, arbeitete als Miniaturenmaler in Siena, aber auch in seiner Geburtsstadt Verona. **Michele Sanmicheli** (1484–1559) wurde zwar nicht in Verona geboren, sollte aber das Stadtbild entscheidend beeinflussen. In den Diensten Venedigs zeichnete er sich als Festungsbaumeister verantwortlich für die Wehrbauten Veronas und gilt heute als einer der wichtigsten Architekten der italienischen Hochrenaissance. Herausragender Künstler des 16. Jh. und einer der berühmtesten Maler der Stadt war **Paolo Caliari** (1528–1588) – il Veronese –, der Venedigs Bilderwelt entscheidend beeinflusste.

Das **Museo Civico d'Arte** in der Skaligerburg Castelvecchio ㉔ zeigt Gemälde der Veroneser Schule von Meistern wie Stéfano da Verona, Pisanello, Mantegna, Bellini, Girólamo dai Libri, natürlich von Paolo Caliari und ist auch für die gesamte

Ausstellungskonzeption und die Integration des Museums in ein altes Kastell richtungsweisend. Im **Museo Canonicale** 18 am Domplatz wird nicht nur die sakrale Kunst der Stadt aufgefächert, in der Sammlung stehen Bilder, Skulpturen, Schnitzereien, Emailarbeiten aus sieben Jahrhunderten und archäologische Funde, die in die frühchristliche Zeit zurückreichen.

Die **Chiesa Sant'Anastasia** 15 ist unter anderem wegen eines Freskos von Altichiero da Zevio („Madonna mit den Heiligen und der Familie Cavallo") und eines von Pisanello („Georgslegende") sehenswert. Das zweite Werk Pisanellos ist in der **Chiesa San Fermo Maggiore** 40 zu besichtigen, „die Verkündigung". Die **Basilica di San Zeno** 27 gilt als eine der schönsten romanischen Kirchen Italiens, Mantegna hat das Altartryptichon 1459 nach dreijähriger Arbeit vollendet. Im **Duomo Santa Maria Matricolare** 17 sollte man auf die Anbetung der Könige von Liberale da Verona und die „Jungfrau Maria" von Tizian achten.

Wer mehr hinter moderner Kunst her ist, besucht die **Galleria d'Arte moderna** 14 im Palazzo Forti. Neben der ständigen Ausstellung von Künstlern aus aller Welt stehen dort temporäre Ausstellungen auf dem Programm. Das Leben des Adels dokumentiert das **Museo Miniscalchi-Erizzo** 20 samt Einrichtung und der Sammlung der Familie. Das **Museo Lapidario Maffeiano** 5 widmet sich der Archäologie und zeigt Altrömisches wie auch das **Museo Archeologico** 32 beim Römischen Theater.

◄ *Einmal im Leben auf Julias Balkon stehen*

## VERONA FÜR VERLIEBTE

*Was ist sinnbildlicher für die Liebe als die tragische Romanze von Giulietta e Romeo? Und so reist Jung und Alt in die Stadt der Liebe, um die Schauplätze des Dramas zu besichtigen, um die beiden zu betrauern und neue Kraft für die eigenen Sehnsüchte zu sammeln. „Die Welt ist nirgends außer diesen Mauern; nur Fegefeuer, Qual, die Hölle selbst." (Shakespeare, Romeo und Julia)*

Ob die Häuser von Giulia und Romeo tatsächlich die beiden je gesehen haben, sei dahingestellt – die Historiker sind sich da uneins. Doch wer mag bezweifeln, dass das Liebespaar gelebt hat? Und dass die Geschichte so oder so ähnlich vonstatten ging? Und wenn schon: Die eine oder andere Tragödie hat sich sicherlich auch in Verona zugetragen und so mag dem Besucher das Shakespeare'sche Stück Symbol für die unglückliche Liebe sein.

Auf den Spuren von Romeo und Julia wandeln (fast) alle Besucher Veronas. So drängt man sich in den Innenhof des **Casa di Giulietta** 11 oder bestaunt die mittelalterliche Fassade des **Casa Romeo** 12. Und wer dann noch so richtig trauern will, wirft einen Blick in den Brunnen **Pozzo**

### ITALIEN IST GALANT

*Keinem Italiener wäre es je eingefallen, das klassische Liebespaar in der falschen Reihenfolge zu benennen, immer und überall heißt es „Julia und Romeo", aber Shakespeare stellte den Sprachrhythmus über die Höflichkeit und entschied sich für „Romeo und Julia".*

**dell' Amore** 21, wo Isabella und Corrado den Tod fanden.

Als Kontrastprogramm wirkt dann der Spaziergang durch die Gassen und entlang der Ufer der Etsch, wo sich die Jugend auf den Begrenzungsmauern in trauter Zweisamkeit niederlässt und ihre gemeinsame Zukunft herbeiträumt.

## VERONA ZUM TRÄUMEN UND ENTSPANNEN

*Zahllos sind die Winkel der Altstadt, die, nur wenige Schritte vom Trubel der Hauptgassen entfernt, in eine vergessene Welt eintauchen lassen. Mittelalterliche Fassaden, eine Dame, die Blumentöpfe auf die Straße stellt, eine Katze, die aus dem Fenster springt und stolz übers Kopfsteinpflaster davonläuft – zahllose kleine Begebenheiten vereinen sich auf einem Spaziergang durch das „centro storico" zu einem charmanten und entspannten Bild.*

Wer seinen **Morgenkaffee** am liebsten alleine, ohne die Aufregung eines Gespächs, ohne vorbeiziehende Touristenströme und nur mit der Zeitung beschäftigt zu sich nehmen möchte, sollte die beiden Hauptplätze der Stadt unbedingt meiden, auf Piazza Brà 1 und Piazza Erbe 7 pulsiert das Leben tagaus, tagein. Besser eignet sich dafür die Gegend um die **Piazza Duomo** [J5], da sie etwas abseits der Hauptbewegungsrichtungen liegt, und dort besonders der kleine Hinterhof der Caffetteria Al Duomo (s. S. 30), alternativ hinter der Biblioteca Civica das Caffè Coloniale (s. S. 30). Gemächlicher geht es auch in einer der Bars rund um die Basilica di San Zeno 27 zu. Seine **deutsche Zeitung** fürs Muffelfrühstück besorgt man sich am besten bei einem der Kioske nahe der Touristeninformation (s. S. 107) an der Piazza Brà oder in der Via Mazzini 6.

**Wer ein Schläfchen benötigt**, hat die Wahl. Definitiv Ruhe findet man auf einer der wenigen Bänke des wahrlich großartig konzipierten Friedhofes Cimitero Monumentale [L8] südlich von Veronetta und natürlich in Veronetta in der Oase des Giardino Giusti 37 inmitten der himmelhohen Zypressen. Wer sich nicht davor scheut, Treppen zu steigen, und **weite Aussichten** auf Stadt und Land liebt, wählt für ein Nickerchen die breiten Balustraden rund um das Castel San Pietro 33 oberhalb des Römischen Theaters 32.

Besonders viel **Atmosphäre** lässt sich in dem **kleinen Park am Ufer der Etsch** gegenüber dem Römischen Theater 32 und südlich des Ponte Pietra 16 tanken. Eigentlich ist es eher ein Grünstreifen unter Bäumen, aber der Blick auf die geschichtsträchtigen Bauten am anderen Ufer lockt immer wieder den einen oder anderen für eine Mußestunde an.

021ve Abb.: sk

▲ *Die Giardini Giusti sind eine Oase des Friedens*

# AM PULS DER STADT

003ve Abb.: sk

# DAS ANTLITZ DER METROPOLE

*Wie hingegossen liegt die Stadt am Ende der Alpen, wo die Berge sanft in Hügeln auslaufen. Wer hierher kommt, wärmt sich im dolce vita des Südens zwischen dem Marmor der Palazzi und der römischen Bauten, nimmt teil am Alltag in den Gassen und genießt die Weltoffenheit der Bewohner, die sich an Besucher aus aller Welt bestens gewöhnt haben – seit Jahrtausenden!*

Die **Etsch** entspringt in 3905 m Höhe in der Provinz Bozen, entwässert ein Einzugsgebiet von 11.953 km² und ergießt sich nach 409 km südlich von Chioggia in die Adria. Bei Verona verlässt der Fluss auf etwa 68 m Seehöhe die Alpenwelt. Das kühle Wasser rahmt die Altstadt von drei Seiten ein, zieht sich in Schlingen weiter durch die Neubauviertel und nimmt Kurs Richtung Poebene. Die **Ausläufer der Berge** am östlichen Ufer der Etsch erlauben herrliche Ausblicke auf die weiten Ebenen und sanften Anhöhen im Süden.

Und im Vordergrund stehen immer die Dächer und Türme der Stadt und natürlich die Arena 2 aus altrömischer Zeit – Angelpunkt des **kulturellen Lebens** nicht nur Veronas. Jeden Sommer schmettern hier die Tenöre in das weite Rund, brillieren die Sopranistinnen mit dem dreigestrichenen C und locken die Freunde des gehobenen Singspieles aus aller Welt an. Verdi und Puccini, Rossini, Bizet und Gounod sorgen dafür, dass der kulturelle Hunger gestillt wird, zahllose Restaurants, Bars und Cafés dafür, dass das leibliche Wohl ebenfalls nicht zu kurz kommt.

Und unter leeren Stühlen leidet keiner. Der **Tourismus** trägt nicht unbeträchtlich zum Wirtschaftsleben der Stadt bei. Die Hauptsehenswürdigkeiten befinden sich fast alle im Bereich der ehemaligen römischen Stadt und in den Vierteln, die im Westen und Süden von den mittelalterlichen Verteidigungswerken und dem Industriekanal Canale Camuzzoni, im Norden und Osten von den zwei Halbbögen der Etsch begrenzt werden.

Nur **Veronetta**, das östlich der Etsch sich an den Hängen hochziehende Viertel, liegt außerhalb und gehörte – als die Stadt zu Beginn des 19. Jahrhunderts zweigeteilt war – zu Österreich. Das Viertel wird etwas despektierlich „das kleine Verona" genannt und heute befindet sich hier die Universität.

22.000 **Studenten** leben in der Stadt und der Umgebung. Natürlich wirkt sich das auch auf das Stadtbild aus: Die jungen Leute bevölkern in zahllosen Scharen die Straßen und Plätze und hauchen ihnen ein tendenziell chaotisches, aber durchaus liebenswertes Leben ein. Aus fast allen Ländern der Welt kommen die Gaststudenten, um ein Auslandsjahr an ihrer Fakultät zu verbringen, aber auch um die Sprache des Landes zu erlernen. **Zahlreiche Sprachschulen** können sich nicht über mangelnde Nachfrage beklagen, denn wer möchte nicht unter südlicher Sonne mit nördlicher Disziplin belehrt werden?

◄ *Vorseite: Blick vom Castelvecchio auf die Etsch*

► *Es ist lange her, dass die Römer in der Stadt regierten*

Wie jede Stadt mit zahlreichen historischen Gebäuden hat die Kommune ein großes Problem. Viele Privatleute und die Kommune selbst haben nicht die ausreichenden Mittel, die für eine großflächige Sanierung nötig wären. So kann **nur nach und nach und lediglich punktuell saniert** werden – und teilweise werden nur erhaltende Maßnahmen durchgeführt. Eine großflächige Modernisierung nach heutigen Standards ist häufig nicht möglich.

Die Schaffung von modernem Wohnraum im Stadtzentrum (wenn dieser nicht gleich in Büroraum umgewandelt wird) hat zudem die Konsequenz, dass die **Mieten steigen** und sozial Schwächere in die Wohnsiedlungen am Stadtrand verdrängt werden. Um dem entgegenzusteuern, werden vereinzelt wie in Veronetta bei der Chiesa San Giovanni in Valle historische Gebäudekomplexe saniert und dem Sozialamt zur Verfügung gestellt.

022ve Abb.: sk

## VERONA IST DER NORDEN

Rom ist weit entfernt, 500 km ungefähr – und das nicht nur in geografischer Hinsicht. Schon seit Menschengedenken hat man sich in Verona **als etwas Eigenständiges erfahren,** immerhin wurde bereits im 12. Jahrhundert die Selbstständigkeit erstritten, auch wenn diese damals nicht allzu lange andauerte. Vielleicht mögen die Veroneser wegen ihrer einstigen Unabhängigkeit als ein wenig querköpfig gelten, doch richtet sich diese **Aufmüpfigkeit** hauptsächlich **gegen den italienischen Zentralstaat.** Und so schimpft man auf die Politiker in Rom, die den Norden aussaugen würden, um das schwer verdiente Geld in den mittellosen Süden zu pumpen und die armen und ungeliebten Verwandten des Mezzogiorno zu alimentieren.

Doch einfach ist das Leben nirgends, man muss sich halt arrangieren. Denn was wäre man ohne ihn, den Stiefel weit unten im Süden, aus dem eine nicht unbeträchtliche Zahl der Arbeitskräfte kommt, die eben auch das Wirtschaftswunder des Nordens aufrechterhält, also protestiert man bei der Wahl. Ist Rom rechtslastig, wählt man links, regieren die Linken, macht man sein Kreuz bei rechten Parteien, die *law and order* vertreten. Diskutiert wird die Politik ganz öffentlich auf den Plätzen der Stadt, eindringlich leise, ausladend gestikulierend und laut. Ob die Veroneser es wirklich ernst meinen? Nein und ja – nur eines ist klar, die **Familie ist das Wichtigste** und dann kommen gleich die Freunde und dann lange nichts mehr. Rom? Weit weg!

## VERONA IST DER SÜDEN

Blanker Himmel, Straßencafés, Abendessen in den Gassen bei milder Wärme, Pantomimen in historischen Kostümen, Studenten als römische Soldaten gewandet, Espresso an der Theke im Stehen – so sehr man sich als Norditaliener fühlt, so sehr liebt man den **Lebensstil des Südens.** Auch in Verona ist die Siesta heilig, schließen die Geschäfte zu Mittag und öffnen erst wieder gegen Abend.

Und die **Zuwanderer** aus Afrika und Osteuropa? Natürlich wird über jene Personen lamentiert, die an jeder Ecke stehen und als fliegende Händler dies und das anbieten: Uhren, Spielzeug, Sonnenbrillen, Schals, Taschen, Feuerzeuge. Praktisch ist diese Form des Straßenverkaufs aber schon: Mag die Rolex zwar nicht echt sein, so macht sie trotzdem was her – und der Preis spottet allem. Und kommt die Gewerbeaufsicht und will Papiere sehen, liegt die Sympathie der Umstehenden allemal bei dem Bedrängten. Denn darin ist man sich einig: Der Staat soll sich kümmern, doch wenn man selbst zu dessen Zielscheibe wird, hört der Spaß auf. Also heißt die Devise: leben und leben lassen.

023ve Abb.: sk

# VON DEN ANFÄNGEN BIS ZUR GEGENWART

*Die Geschichte Veronas ist so wechselhaft wie die Gesamtitaliens. Einflüsse und Bauten der Römer, der norditalienischen Stadtstaaten, der Venezianer, Franzosen, Österreicher und des Königreichs Italien haben ihren Niederschlag gefunden, wurden zu steinernen Zeugen der Zeit und formten die Geisteshaltung der Veroneser als Mittler zwischen Alpen und Adria.*

## NAMENSGEBUNG VERONAS

*Verschiedene Hypothesen gibt es bezüglich des Ursprungs des Namens „Verona“, von denen zwei besonders beliebt sind. Eine Legende besagt, dass die Stadt Verona ihren Namen einem* ***Fluch des Gallierhäuptlings*** *Brenno verdankt, den er oft gegen seine römischen Feinde aussprach: „Vae Roma!“, also „Verdammtes Rom!“.*

*Die wahrscheinlichere Theorie führt den Namen Verona auf eine* ***Zusammenstellung verschiedener Ausdrücke*** *unterschiedlichen Ursprungs zurück. „VE“ (etruskisches Wort, das die venetischen Völker bezeichnet), „RO“ (von dem griechischen Verb „reo“, fließen, also den Fluss Etsch bezeichnend) und „NA“ (etruskische Silbenwurzel, die eine bewohnte Siedlung bezeichnet). Gemäß dieser Theorie bedeutet der Name Verona wörtlich „venetische Stadt am Fluss“.*

## ALTERTUM

**2. Jt. v. Chr.** In vorrömischer Zeit siedelten in der Gegend des heutigen Verona die Euganeer, die, so der römische Geschichtsschreiber Livius (59 v. Chr.–17 n. Chr.), im 2. Jt. v. Chr. von Venetern und Trojanern aus ihren angestammten Gebieten an der Adria vertrieben und in die Gegend des heutigen Verona gedrängt wurden. Die Herkunft der Veneter wiederum ist unklar – teils wird ihre Volksbildung als Ergebnis einer Wanderbewegung aus Kleinasien in Folge der Zerstörung Trojas gesehen. Die Euganeer (die als Namensgeber der „Euganeischen Hügel" bei Padua in der Geografie weiterleben) mussten noch einmal im 6. Jh. v. Chr. weichen, vor den Cenomanen, die aus Gallien kommend das Voralpenland überrannten.

**1. Jh. v. Chr.** Der Veneto wird von den Römern kolonisiert und mit Siedlungen überzogen. Die Stadtgründung der *Colonia Augusta Verona* findet im 1. Jh. v. Chr. statt, im Jahr 89 v. Chr. erhalten die freien Bürger in ganz Venetien das römische Bürgerrecht – Venetien wird zur zehnten römischen Region: *Venetia et Histriae.*

In Verona kreuzen sich drei das römische Weltreich verbindende Straßen: Die *Via Claudia Augusta* von Norden über die Alpen kommend und über Verona bis zum Po führend, die *Via Gallica* über Brescia und Bergamo nach Milano und die *Via Postumia* von Genova nach Aquilea, als Handels- und Heerweg zwischen Mittelmeer und Adria die vielleicht bedeutendste der drei genannten Straßen.

Dass auch das Geistige nicht zu kurz kam, dafür sorgten nun schon die reichen Bürger und Landbesitzer. Der veronesischen Dichtkunst wurde bis an die Grenzen Roms gehuldigt und die Veroneser waren stolz auf ihren im ganzen Reich bekannten Dichter und Sohn der Stadt Gaius Valerius Catull.

**1. Jh. n. Chr.** Die Arena (2) wird gebaut. Ab etwa 50 n. Chr. können 30.000 römische Bürger regelmäßig das gegenseitige Zerhacken der Gladiatoren und die Menschenjagd der Pumas als gemeinschaftsförderndes Ereignis erleben.

**3. Jh. n. Chr.** Die Bedeutung der Stadt Verona zeigt sich auch an den Schlachten, die in der Umgebung der Stadt geschlagen wurden. 249 sieht sich der römische Kaiser Philippus Arabs genötigt, gegen den unbotmäßigen Decius vorzugehen, der ihm die Kaiserwürde abspenstig zu machen sucht. Decius siegt in einem blutigen Kampf und ersetzt Philippus – allerdings nur für zwei Jahre, dann stirbt er völlig unüblich für einen Herrscher dieser Zeit eines natürlichen Todes.

268 tritt Claudius II. am Gardasee gegen die Gallien und Venetien verwüstenden Alamannen unter König Chrocus an. 35.000 Römern stehen 100.000 Nordländer gegenüber, am Ende der Schlacht sollen 50.000 Alamannen die Flucht angetreten haben, der Rest sei tot oder versklavt – so kolportierten zumindest die römischen Lobpreiser – und Claudius erhält den Ehrennamen „Germanius Maximus".

◄ *Stadt am Fluss, auf Etruskisch und Griechisch: Ve - ro - na*

## Attila und die Ostgoten

**452** Attila (auch als „Etzel“ bekannt), die sogenannte „Geißel Gottes“, zieht durch Norditalien, um Westrom seine Macht zu demonstrieren. Aquilea wird vollständig zerstört, die Städte des zentralen Veneto inklusive Verona erobert. Dass er bei und mit seinen Eroberungen nicht zimperlich war, ist sprichwörtlich geworden. Immerhin aber werden die Menschen des Festlandes zum ersten Male gezwungen, in die Geborgen- und Sicherheit der Inselwelt der Lagune Venedigs zu flüchten – der erste Schritt zur Weltmacht Venedig ist somit getan.

Glücklicherweise verliebt sich Attila schon ein Jahr später in ein gotisches Weib namens Ildikó. Diese scheint in Besitz ungeahnter Fähigkeiten – Attila überlebt die Hochzeitsnacht nicht.

**489** Bei Verona kommt es zur Schlacht zwischen dem König der Ostgoten, Theoderich, und dem römischen Heerführer Odoaker, der aus dem Dunstkreis von Attilas Hunnen stammte, die zu dieser Zeit einen beträchtlichen Anteil der Militärmacht Westroms stellten.

**493** Nach Kampf und Belagerung über mehrere Jahre hinweg verständigt sich der römische Kaiser am 27. Februar 493 mit Theoderich. Es solle nun Frieden im Lande herrschen – denkt Odoaker! Während dieser in Ravenna seinen Hof behält, wählt Theoderich Verona als Residenz, verlässt diese aber schon nach wenigen Tagen, reitet hinüber nach Ravenna und befördert Odoaker ganz persönlich und mit eigener Hand vom Leben zum Tode – private Händel, wie er danach erklärt, die nichts mit der Sache an sich zu tun hätten.

024ve Abb.: sk

## Die Langobarden

**568** Ein Dreivierteljahrhundert später treten die Langobarden in Norditalien auf. Das Volk siedelte im Donauraum in der Gegend des heutigen Kärnten als Vasallen Ostroms. Dessen Herrscher Narses bittet der weströmische Kaiser Justinian, ihm gegen die Ostgoten zu Hilfe zu kommen. Narses bittet die Langobarden unter König Alboin um Hilfe. Diese marschieren 568 nicht nur mit Truppen in Norditalien ein, sondern nehmen auch gleich Frau, Kind und Kegel mit – der letzte Zug der spätantiken Völkerwanderung mit weit über 150.000 Menschen (darunter Schwaben und 20.000 Sachsen). Die Rückeroberung Norditaliens von den Ostgoten beginnt.

▲ *Über die Ponte Pietra wandelten bereits die Alten*

**569** Die Ostgoten in Verona ergeben sich, Alboin bezieht hier Quartier. Nach und nach fallen die anderen Städte Nord- und Mittelitaliens wie Dominosteine in die Hände der Langobarden, bis 572 Pavia erobert ist, wo der Langobardenkönig endgültig sesshaft wird. Alboin wird kurz darauf Opfer einer Intrige (siehe „Ehegeschichten bei den Langobarden").

Mit der langobardischen Machtübernahme geht die Auflösung des Großgrundbesitzes und der Kampf gegen die Kirche einher, die nicht nur den meisten Grund besaß, sondern auch Hort des byzantinisch-zentralistischen Staatsgedankens ist. Die römischen Besitzverhältnisse werden durch eine feudalistische Struktur ersetzt.

Die langobardische Feudalstruktur hat Alboin überlebt, wenn es den Langobarden auch nicht gelingt, die Küstenstädte unter ihre Herrschaft zu bringen – diese stehen weiter unter oströmischer Gewalt. Zur Durchsetzung der Rechte Ostroms in den Küstengebieten ernennt Ostrom im heutigen Oderzo

## EHEGESCHICHTEN BEI DEN LANGOBARDEN

*Alboins Fehler war sein boshafter Umgang mit seiner Frau Rosamunde. Deren Hass beförderte der Langobarde ein letztes Mal, als er sie zwang, einen Trunk aus dem Schädel ihres Vaters zu nehmen. Dass er ihn vor Jahren selbst – wenn auch im ehrlichen Kampfe – getötet hatte, spielte wohl keine große Rolle mehr. Rosamunde war so oder so schlecht auf ihren Gatten zu sprechen und wandte ihr offenes Ohr Richtung Byzanz, dem der Langobardenkönig ein Dorn im Auge war. Gemeinsam stiftete man Alboins Schildträger namens Helmichis zum Mord an.*

*Da Helmichis aber auch der Milchbruder des Alboin war, widerstrebte dem Schildträger diese Idee und Rosamunde musste ihn erpressen. Helmichis wohnte regelmäßig Rosamundes Kammerzofe bei. Sie tauschte mit dieser einfach in einer Nacht den Platz, denn verbotene Früchte schmeckten ihr süß. Hierüber klärte sie nun ihren einmaligen Liebhaber auf und stellte ihn vor die Wahl: Tod durch die Hand des Königs, weil Helmichis mit der Königin geschlafen habe, oder Tod für den König durch Helmichis Hand inklusive Heirat mit ihr und der Königswürde.*

*Alboin fand daraufhin den Tod und die beiden Meuchler heirateten – hatten sich aber dummerweise nicht der Treue der Truppe versichert, die sich auf die Jagd nach ihnen begab. Sie mussten los und gerieten auf einer abenteuerlichen Flucht mit einem Schifflein die Etsch hinunter in die Fänge des oströmischen Präfekten in Ravenna. Der war sogleich in Leidenschaft zu Rosamunde entbrannt, hatte allerdings wenig Verwendung für Helmichis. Und was geschieht mit nutzlosen Ehemännern, vornehmlich wenn sie zudem noch Königsmörder sind? Man schickt sie baden und reicht ihnen ein Getränk. Helmichis schlürfte arglos den Becher, doch als er das Gift zu wirken spürte, zwang er Rosamunde, sich den Rest des tödlichen Getränks zu gönnen. Beide starben.*

einen *Magister militum*, auch *Dux* genannt. Die vom *Dux* – dem späteren Dogen – regierten Küstengebiete lösen sich im 8. Jh. endgültig von Byzanz ab und treten seitdem als neue, eigenständige Kraft auf. Der zweite Schritt hin zur Weltmacht Venedig ist damit getan.

## MITTELALTER

### Die Zeit der Karolinger

**774** Im Jahr 774 löst das Geschlecht der Karolinger unter dem Frankenkönig Karl dem Großen die Herrschaft der Langobarden ab. Ein Jahr zuvor hat eine päpstliche Abordnung Karl um Hilfe gegen die Langobarden gebeten – und dieser sieht nicht unberechtigt einen neuen Wirkungskreis für sich und seine Nachkommen. Im Sommer 774 sind die Langobarden unter ihrem König Desiderius besiegt.

**800** Karl lässt sich nach dem Fall der letzten langobardischen Bastion, Pavia, zum König der Langobarden küren, holt fränkische, burgundische und alemannische Adlige in Schlüsselstellungen, sichert so seine Macht und ist nun *Rex Francorum et Langobardorum* (König der Franken und Langobarden). Im selben Jahr wird Karl von Papst Leo III. höchstselbst zum Römischen Kaiser gekrönt.

**806** Noch vor seinem Tod 814 wird sein Reich im Jahr 806 unter den Söhnen aufgeteilt. Pippin wurde 781 schon als Vierjähriger zum König von Italien erklärt, nun wird dies bestätigt und Bayern kommt hinzu. Als Residenzstadt wählt Pippin Verona. 812 folgt ihm sein Sohn Bernhard auf den Thron nach.

**10. Jh. n. Chr.** Trotz Streit, verschiedener Händel und Teilungen des Reichs in einen ostfränkischen und einen westfränkischen Teil, Vereinigungen derselben sowie erneuter Trennung schaffen es die Karolinger, bis zum Ende des 1. Jahrtausends in unterschiedlichen Konstellationen in Norditalien an der Macht zu bleiben. Karl der Kahle, Karl der Dicke und Ludwig der Blinde (siehe Exkurs „Berengar und der Blinde") heißen die Könige Italiens und Kaiser des Heiligen Römischen Reichs.

### BERENGAR UND DER BLINDE

*Ludwig der Blinde hatte seinen Namen nicht von Geburt an. Er wurde im Jahr 901 König von Italien und ersetzte Berengar von Friaul, der 900 eine Schlacht gegen die an der Brenta auftauchenden Ungarn verlor, weswegen ihm Unfähigkeit nachgesagt wurde. Der Ärger saß bei Berengar tief und vier Jahre später gelang es ihm, Ludwig in die Hände zu bekommen und nach Verona bringen zu lassen. Als Form der minderschweren, dennoch aber effektiven Rache wurde das Blenden gewählt.*

*Berengar wurde erneut zum König ernannt, 915 auch zum Kaiser, was er beides bis 924 blieb. Seine letzten Regierungsjahre waren von Erfolglosigkeit geprägt. Ständig musste sich Berengar mit Aufständen beschäftigen, die die Städte Ivrea und Milano gegen ihn anzettelten. Schließlich wandten sich auch seine Getreuen von ihm ab und am 7. April 924 stieß man ihm in Verona einen Dolch in den Rücken.*

## Freie Städte und Staufer

**1107** Verona erstreitet sich die Selbstverwaltung, von Bürgern gewählte Vertreter sind in den Schriften ab 1136 festgehalten.

**1164** Die Städte Verona, Padua, Vicenza und Venedig bilden die **Liga von Verona** (auch Veroneser Bund). Sie steht in Widerspruch zum amtierenden Kaiser des Heiligen Römischen Reichs, dem Staufer Friedrich I. Barbarossa, der die städtische Autonomie und die Position des *Podestà* – des von den Bürgern bestimmten Stadtoberhauptes – nicht anerkennen, vielmehr eigene Bevollmächtigte einsetzen will und dies mit Waffengewalt durchzusetzen bereit ist. So lässt er Mailand mehrfach stürmen und niederbrennen.

**1167** Aus dem Veroneser Bund nach Anschluss zahlreicher weiterer Städte entsteht der **Lombardische Bund**, mit dem Barbarossa ein ernst zu nehmender Gegner und Verhandlungspartner erwächst. Die Städte des Bundes verständigen sich über eine Versammlung, räumen interne Streitereien aus und treten nach außen geschlossen auf. Damit kann das Prinzip des „teile und herrsche“, des Ausspielens einzelner Städte gegeneinander, nicht mehr funktionieren.

**29. Mai 1176** Es kommt schließlich zur Schlacht von Legnano bei Mailand. Das Heer des Lombardischen Bundes schlägt die Soldaten von Barbarossa und erkämpft sich so endgültig seine innere Autonomie. Der Kaiser flieht.

**1183** Mit dem Frieden von Konstanz wird die Autonomie der Städte besiegelt, im Gegenzug erkennen die norditalienischen Kommunen den Kaiser formal als oberste Institution an. Barbarossa kommt 1190 auf einem Kreuzzug um, sein Nachfolger wird sein Sohn Heinrich VI.

Doch erst Friedrich II. – dem Enkel, ab 1220 Kaiser – gelingt es, die Macht der Staufer gegenüber dem Lombardischen Bund wieder zu festigen. Die norditalienischen Kommunen haben zu Beginn seiner Regierungszeit immer wieder auf die Politik Einfluss genommen und schreckten auch nicht davor zurück, die Straßen sperren zu lassen, um die Reichsfürsten im Süden nicht auf den Kaiser treffen zu lassen. Genug war schließlich genug.

**1236** Friedrich II. erklärt dem Lombardischen Bund den Krieg. Ende 1237 kommt es zur entscheidenden Schlacht bei Cortenuova, bei der Verona unter ihrem *Podestà* Ezzelino III. bereits auf der „falschen“, der kaiserlichen Seite kämpft. Der Lombardische Bund wird vernichtend geschlagen und hat keine politisch unabhängige Bedeutung mehr – erfährt aber in der Neuzeit mit der Lega Nord (s. u.) eine Wiederbelebung.

**1250** Mit dem Tod Friedrich II. – *stupor mundi,* wegen seiner Bildung und Fähigkeiten das „Erstaunen der Welt“ genannt – endet die Glanzzeit der Staufer.

## Ezzelini und Skaliger

**13. Jh. n. Chr.** Die Macht der Städte führt schließlich auch zu ihrem Untergang. Mit ihrem wirtschaftlichen Erstarken können sie ihren Einfluss auf die ländlichen Gebiete ausweiten und geraten so in Konflikt mit dem Landadel, der seine Pfründe gefährdet sieht.

Um dem entgegenzusteuern, nimmt sich die Familie der Ezzelini da Romano Kaiser Friedrich II. zum

Verbündeten und kann sich in der Lombardischen Liga und mit Ezzelino III. ab 1227 nach und nach etablieren. Dieser wurde 1236 (just zur Kriegserklärung durch Friedrich II.) *Podestà* – Stadtoberhaupt – von Verona und dehnte seinen faktischen Lehnsbesitz bis 1259 auf die umliegenden Städte Vicenza, Padua, Feltre, Belluno und Treviso aus. Dem förderlich war sicher seine Heirat mit einer unehelichen, dennoch geliebten Tochter Friedrichs II. – La Signorina Selvaggia. Ihr Gatte war ein brutaler Alleinherrscher und beim Volk so verhasst, dass es ihn mit dem Teufel gleichsetzte – da er sich aber nie als Herrscher der Stadt, sondern eben nur als *Podestà* bezeichnen ließ, war formal den demokratischen Verordnungen des Stadtbundes Genüge getan.

Ezzelino III. garantiert dem Kaiser freie Wege, wobei insbesondere die Strecke über den Brenner und Verona in den Süden von strategischer Bedeutung ist. Denjenigen, die er als politisch nicht bedeutsam einstuft, garantiert er Freiheit und Sicherheit und so erblüht das wirtschaftliche Leben in Verona. Wen er allerdings als Gegner und Gefahr für seine Ziele bewertet – davon sind insbesondere Gegner Friedrichs II. betroffen –, der hat keine Freude mehr am Leben und auch nicht am Tode – die Technik seiner Folterknechte ist mit „ausgefeilt" höflich umschrieben.

**1259** Ezzelino stirbt am 1. Oktober 1259 an den Folgen einer Verwundung, die ihm in einer Schlacht beigebracht wird. An seine Stelle tritt in Verona nun für über ein Jahrhundert die Familie der Scala – die Skaliger.

## ERINNERUNGEN AN EZZELINO

*Die Weltliteratur hat Ezzelino verschiedentlich zum Thema gemacht, darunter in Bearbeitungen von Joseph von Eichendorff („Ezelin von Romano") und Conrad Ferdinand Meyer („Die Hochzeit des Mönchs").*

**14. Jh. n. Chr.** Der erste, der sich zum *Signore* Veronas, d. h. zum Herrscher über die Stadt, erklären lässt, ist Leonardino della Scala, „Mastino" genannt. Er begründet die insgesamt 125 Jahre währende Herrschaft von insgesamt zwölf Skaligern, indem es ihm gelingt, die *signoria* (Herrschaft über die Stadt) innerhalb seiner Familie erblich zu machen. Dass die Stadt nun eine Blütezeit erlebt, liegt an der geschickten Politik der Skaliger und der damit einhergehenden Unterstützung, die die Skaliger vom Volk bzw. der vermögenden Bürgerschaft und dem Adel erfahren. Mastino folgt Alberto nach, 1301 gelingt Bartolomeo Alboino (unter dessen Herrschaft sich 1302 die traurige Geschichte von Romeo und Julia zugetragen haben soll und Dante nach seiner Flucht aus Florenz sein erstes Asyl fand) und danach Can Francesco an die Macht.

**1308** Cangrande I. wird Signore Veronas. In seine Regierungszeit fällt der Zenit der Skaligermacht, die nun fast ganz Venetien beherrschen. An den Veroneser Hof kommt nunmehr die intellektuelle und künstlerische Elite der Zeit, angelockt vom großzügigen Mäzenatentum, so auch Dante Alighieri (zwischen 1316 und 1320, s. Exkurs „Reise durch Hölle, Fegefeuer und Paradies“).

Ab 1329 werden zwar noch einige Geländegewinne gemacht und der Machtbereich auf die Städte Parma, Lucca und Brescia ausgedehnt, aber schon Cangrande II. ist verhasst wie einst Ezzelino III. In seine Regierungszeit fällt deswegen folgerichtig der Bau des Castelvecchio (24), mehr Zwingburg gegen seine eigene Stadt als Trutzburg gegen Angriffe von außen.

**1387** Mit der Ermordung Cangrandes II. durch seinen Bruder Cansignorio 1359 ist das Ende der unter dem Strich für die Stadt dennoch glückhaften Regentschaft der Skaliger eingeläutet. Cansignorio treibt es noch toller und lässt sogar seinen zweiten Bruder zum Tode verurteilen, um seinen unehelichen Söhnen Bartolomeo und Antonio den Weg zur Macht zu ebnen. Der dritte Brudermord folgt und lässt Bartolomeo als Opfer zurück.

Antonio kann sich nicht vom Verdacht befreien und nun finden die Edlen der Stadt, dass es genug sei. Sie flüchten nach Mailand, stellen sich unter das Kommando der dort herrschenden Familie Visconti und ziehen als Führer deren Heeres vor die Tore Veronas. Die Bürger erklären Verona ohne Umstände zur offenen Stadt und lassen die Truppen herein. Die Skaligerherrschaft ist beendet, Antonio della Scala muss am 19. Oktober 1387 bei Nacht und Nebel in einem Boot die Etsch hinunter fliehen und stirbt bald darauf in Venedig.

**1404** Mailands Visconti werden von der Familie Carrara aus Padua verdrängt – allerdings nur für drei

025ve Abb.: sk

▶ *Die Leiter war das Symbol der Skaliger, festgehalten im Eisengeflecht der Skaligergräber*

## REISE DURCH HÖLLE, FEGEFEUER UND PARADIES

*Dante Alighieris berühmtes Werk trägt den Titel „Komödie“, nach seinem Tod wurde daraus „Die göttliche Komödie“ – die Beschreibung einer Reise in 100 Gesängen durch die neun Kreise der Hölle über den Läuterungsberg (das Fegefeuer) zu den neun Himmelssphären des Paradieses.*

*Von Dante sind mehrere Briefe überliefert, teils volkssprachlich, teils auf Latein. Unter ihnen befindet sich der Brief, in dem er den letzten Teil der Komödie seinem großen Gönner und Förderer Cangrande I. von Verona widmet. Darin heißt es, dass Cangrandes wohlbekannter Großmut sich so offenkundig zeigen würde, dass selbst seine Feinde vor ihm nicht schweigen könnten.*

Jahre. Dann übernimmt die Dogenrepublik Venedig die Macht in Padua und dabei wird es (bis auf ein kurzes Intermezzo) vier Jahrhunderte lang bleiben.

## NEUZEIT

### Unter den Dogen Venedigs

**1405** Am 23. Juni 1405 unterwirft sich Verona freiwillig der Herrschaft Venedigs – was nicht die schlechteste Wahl ist, denn Wirtschaft und kulturelles Leben blühen auf. Auch muss man nicht so viel von dem aufgeben, was man an Errungenschaften hatte. Das Stadtoberhaupt wird zwar abgeschafft und durch zwei vom Dogen bestimmte Rektoren ersetzt, die Besitzverhältnisse aber bleiben unberührt, sonstige Verwaltungen unbehelligt. Zudem werden lästige Kriege nunmehr von Venedig bestritten, hat doch der Doge Michele Steno mit Brief und Siegel in der Goldenen Bulle niedergelegt, dass er künftig über Verona seine schützende Hand zu halten wisse.

**1406** Praktisch das ganze Veneto gehört nun zur Lagunenstadt Venedig. Die Städte an den Kanälen im südlichen Teil und Verona als Bastion am Beginn der wichtigsten Alpenquerung sichern die Handelswege für die Waren, die übers Meer kommen, in Venedig umgeschlagen und nach Norden geschafft werden. Mit der Wollproduktion wird Verona nun immer reicher. Die Patrizier bauen sich ihre Paläste mit prächtigen Parkanlagen in die Stadt.

**1509** Der Papst, der seinen Kirchenstaat durch die ausufernde Machtfülle der Dogenrepublik gefährdet sieht, verbündet sich zu Beginn des Jahres mit Spanien, Frankreich, Ungarn, England und dem Habsburger Kaiser Maximilian I. (1459–1519) zur „Liga von Cambrai" und marschiert gegen die Venezianer. Diese können anfangs noch Erfolge verzeichnen und erobern die habsburgischen Städte Görz, Triest und Fiume, doch am 14. Mai schlägt die Liga das Heer Venedigs bei Agnadello in die Flucht. Nach Belagerung von Padua und Treviso können die Städte von der Liga eingenommen und die Stadtbefestigungen geschliffen werden. Nun ist Venedig verhandlungsbereit. Gegen Gebietsabtritte auf dem Festland – darunter Verona – wird Frieden geschlossen. Doch schon 1510 löst sich die Liga auf und die Allianzen werden neu geordnet.

026ve Abb.: sk

◄ *Auch in Verona ist der venezianische Löwe allgegenwärtig*

## KONJUNKTURRITTER

*1505 war die Konjunktur so heiß gelaufen und Verona so den Ausschweifungen ergeben, dass die Serenissima meinte gegensteuern zu müssen. Sie erließ ein Gesetz gegen die übermäßige Zurschaustellung von Luxus. Aber die Veroneser waren schon immer einfallsreich, die Rektoren als langer Arm der Serenissima mussten schließlich in der Stadt leben und waren keine vertrockneten Asketen. Und so ging es lustig weiter, wenn der Wollhandel in die Krise geriet, verlegte man sich eben einfach auf die Seidenproduktion.*

**1511** Jetzt ist dem Papst Frankreich zu mächtig und er verbündet sich mit Venedig und anderen in der „Heiligen Liga", um die Franzosen aus Norditalien wieder zu vertreiben. Es geht in der folgenden Zeit hin und her, Venedig wechselt erneut die Seiten und tritt an die Seite Frankreichs.

**1517** Venedig erhält durch Verhandlungen seinen Besitz auf dem norditalienischen Festland zurück. Verona kann sich daraufhin weitere drei Jahrhunderte aufs Wirtschaften konzentrieren. Doch die Situation ist fundamental anders geworden, denn Venedig ist von einer Weltmacht mit einem Kolonialreich zu einer Regionalmacht abgestiegen.

### Napoleon

Zu Beginn des 18. Jahrhunderts ist der Niedergang der Republik Venedig endgültig eingeläutet. Zu mächtig sind die anderen Welthandelsnationen wie Portugal, Holland und England geworden. Der Import aus den Kolonien bringt diesen unermesslichen Reichtum, Venedigs Absatzmarkt ist aber in immer stärkerem Maße auf das Binnenland beschränkt.

**1796** Napoleon Bonaparte marschiert an der Spitze seines 40.000 Mann starken Heeres anlässlich des Italienfeldzuges im Ersten Koalitionskrieg in Norditalien ein. Am 15. November beginnt die Schlacht bei Arcole etwa 30 km südöstlich von Verona, für die Napoleon 20.000 Mann aufstellt und die er durch Glück und Geschick trotz Unterzahl für sich entscheiden kann und die Österreicher zum Abzug zwingt. Auch am 17. Januar 1797 können die Franzosen die Schlacht von Rivoli am Gardasee für sich entscheiden, die habsburgische Streitmacht muss sich zurückziehen. Nun marschiert Napoleon auf Rom, das als Sammelbecken für französische Emigranten und Revolutionsgegner Paris ein Dorn im Auge ist, und besetzt den Kirchenstaat.

**1797** Der österreichische Kaiser des Heiligen Römischen Reichs Deutscher Nation, Franz II., muss am 17. Oktober dem Frieden von Campo Formio zustimmen. Damit erkennt er die von Frankreich geschaffene Cisalpinische Republik mit Mailand an, die die gesamte Lombardei um-

## GETEILTE STADT

*1801 wird Verona im Zuge von Grenzberichtigungen zwischen Österreich und Frankreich zur zweigeteilten Stadt, die Etsch bildet nun die Grenze zur (französischen) cisalpinischen Republik, das österreichische Veronetta entsteht.*

027ve Abb.: sk

fasst, erhält aber im Gegenzug Venedig und dessen Kriegsflotte. Der Doge hat schon am 12. Mai abgedankt, Venetien ist damit österreichisch geworden.

**1805** Österreich, Russland, England und Schweden verbünden sich gegen Napoleon. Wieder wird gekämpft und erneut gewinnt Bonaparte. Beim Pressburger Frieden am 26. Dezember 1805 muss Österreich Venetien wieder abgeben, das dem napoleonischen Königreich Italien zugeschlagen wird. Franz II. verliert seine Würde als Kaiser des Heiligen Römischen Reichs, das damit sein Ende gefunden hat.

## Habsburger Zwischenspiel

**1814** Immerhin zehn Jahre dauert es, bis der Wiener Kongress die nachnapoleonische Ära Europas neu ordnet. Zwischen dem 18. September 1814 und dem 9. Juni 1815 wird eifrig getanzt und verhandelt. Als Ergebnis fällt u.a. Venetien erneut an die Habsburger. Auch die Lombardei und die Toskana sowie Parma werden habsburgischer Kontrolle unterstellt.

Die Donaumonarchie geht stärker denn je aus der Neuordnung Europas hervor und ihr Einfluss auf Norditalien bleibt bis 1866 erhalten. Mit Befestigungen in den Städten (s. Exkurs „Festungsviereck") versuchen die Österreicher, sich gegen neue Angriffe zu wappnen.

## Königreich Italien

**19. Jh. n. Chr.** Italiens Norden ist seit dem Niedergang der Stadtstaaten bis Mitte des 19. Jahrhunderts ein Spielball der Regierungen Mittel- und Westeuropas, doch gibt es durchgängig nationalstaatliche Bestrebungen. Aufstände tragen die Idee eines unteilbaren Königeichs in das Bewusstsein breiterer Bevölkerungsschichten. Nicht zuletzt

## FESTUNGSVIERECK

*Festungsstädte sollten Österreichs Herrschaft in Norditalien sichern. Das zentrale Fort war Verona, ergänzt wurde es zum Festungsviereck mit Peschiera, Mantova und Legnago, begrenzt von den Flüssen Etsch im Osten und Mincio im Westen – ein Rechteck mit Seitenlängen zwischen 25 und 50 km. Der Bau der starken Bollwerke in Verona wurde um 1830 begonnen, in zwei weiteren Bauphasen wurden diese bis 1866 erweitert und auf den neuesten Stand der Technik gebracht.*

*Während des ersten italienischen Befreiungskrieges 1848 konnte der österreichische Feldherr Radetzky die Festung Peschiera als Sammelpunkt nutzen und von dort losmarschieren, um das besetzte Mailand zu entsetzen. Zehn Jahre später war Radetzky nicht so glücklich, Mailand ging endgültig verloren, doch die Städte des Festungsvierecks und Venedig blieben noch weitere sieben Jahre bei Österreich.*

Napoleon hat mit seinen Reformen und der Schaffung des Königreichs Italien bzw. des Königreichs Neapel dazu beigetragen, ein nationalstaatliches Bewusstsein zu befördern.

Mit der Neuordnung Europas auf dem Wiener Kongress werden in Italien die napoleonischen Errungenschaften eines modernen Staatswesens teilweise wieder rückgängig gemacht, was in der ersten Hälfte immer wieder zu Protesten des Bürgertums und auch des Adels führt und in Revolten gipfelt, die das österreichische Militär brutal und blutig niederschlägt. Der Widerstand wird aber immer stärker und schließlich bricht 1848 offener Krieg aus. Mailand hat seine Unabhängigkeit von Österreich erklärt und in Venedig die Republik ausgerufen.

**1848** Am 25. Juli entscheidet Feldmarschall Johann Wenzel Radetzky (1766–1858) die Schlacht von Custozza südwestlich von Verona für Österreich. Ein Jahr später kommt es zu einem weiteren Aufstand in der Toskana, wieder sprechen die Waffen.

**1849** Am 23. März siegt erneut Radetzky bei der Schlacht von Novara. Der erste italienische Befreiungskrieg ist zu Ende, die Habsburger Monarchie behält die formale Kontrolle über die Lombardei und Venetien, doch die *risorgimento* („Wiedergeburt") genannte Bewegung ist ungebrochen.

**1859** Der zweite italienische Befreiungskrieg wird schließlich ein Erfolg und läutet den Rückzug Österreichs aus Italien ein. Die Schlacht von Solferino 10 km südlich des Gardasees am 24. Juni endet mit einem Desaster für Kaiser Franz Joseph, Österreich verliert die Lombardei und ein Jahr später, als Garibaldi mit seinem Zug der Tausend Sizilien einnimmt, steht ganz Italien auf.

**1860** Mit einem Volksbegehren erklärt Norditalien, zusammen mit dem Veneto künftig zum Königreich von Italien gehören zu wollen, der Veneto bleibt aber unter habs-

◄ *Verona war eine wehrhafte Stadt*

## MÄRTYRER DES RISORGIMENTO

*Eine der Lichtgestalten des risorgimento war der Veroneser Carlo Montanari, der mit einem 1850 gegründeten Geheimkomitee die freiheitlichen Gedanken zur Errichtung eines italienischen Nationalstaats befördern wollte. Nach der Entdeckung des Geheimkomitees durch die Österreicher ließ Radetzky die Mitglieder und zahlreiche weitere Bewohner Veronas, die verdächtigt wurden, verhaften und ihnen den Prozess machen. Die als* ***Märtyrer von Belfiore*** *in die Geschichte Eingegangenen wurden 1853 gehängt.*

burgischer Herrschaft. Ein Jahr später wird Vittorio Emanuele II. König. Die europäischen Großmächte erkennen das italienische Königreich an, nur Österreich legt Protest ein. In den folgenden Jahren steigen die Spannungen zwischen Wien und Preußen – Italien erkennt die Gunst der Zeit.

**1866** Man verbündet sich mit Berlin und während Österreicher und Preußen aufeinander einschlagen, erklärt auch Italien dem verhassten Herrscher über Venetien den Krieg. Der dritte italienische Befreiungskrieg beginnt. Zwar gewinnt Österreich alle Schlachten auf italienischem Boden (unter ihnen nochmals bei Custozza am 24. Juni 1866), doch die Entscheidung fällt ganz woanders. Der Preußisch-Österreichische Krieg endet in der Schlacht von Königgrätz am 3. Juli 1866 mit einem Sieg der Preußen. Die Habsburger verlieren den Veneto, italienische Truppen ziehen nach Norden und marschieren durch die Porta Vescovo in Verona ein. Im Wiener Frieden vom 3. Oktober 1866 bestätigt Österreich den Veneto als dem italienischen Königreich zugehörig.

**1870** Mit dem Deutsch-Französischen Krieg von 1870/71 fällt die letzte ausländische Bastion in Italien, Frankreich muss den Kirchenstaat an Italien abtreten. Die Einigung Italiens ist vollbracht – und als Nebeneffekt die weltliche Macht des Papstes gebrochen.

**1882** Am 16. September und 28. Oktober erlebt Verona die schlimmsten Überschwemmungen der Neuzeit. Sie hinterlassen eine zerstörte Stadt. Um Vergleichbares für die Zukunft auszuschließen, leitet man die Etsch um und schüttet den toten Flussarm zu.

### Das 20. Jahrhundert

**1914** Im Ersten Weltkrieg ist Verona eine Etappenstadt, die immer wieder aus der Luft bombardiert wird, denn von hier aus versorgt sich die italienische Truppe in den Alpen.

## CARLO STEEB

*Der Tübinger Johannes Heinrich Karl Steeb (1773–1856) war als Seelsorger Jahrzehnte in Verona und auf den Schlachtfeldern in dessen Umgebung tätig und gründete 1840 mit Schwester Vincenza Poloni den* ***Orden der „Veroneser Schwestern“.*** *Heute ist der ursprünglich „Kleine Schwestern der Barmherzigkeit“ genannte Orden mit 1200 Mitgliedern weltweit tätig. Steeb wurde am 6. Juli 1975 selig gesprochen.*

028ve Abb.: sk

Sie befindet sich mit den Österreichern und dem mit ihnen verbündeten Deutschen Reich in einem für beide Seiten unglaublich opfervollen und blutigen Ringen im Eis und Fels der südlichen Alpen. Die Zahl der Toten geht in die Hunderttausende, doch letztendlich kann keiner an der österreichisch-italienischen Grenze einen endgültigen Sieg erringen. Auch mit dem Ende des Krieges bleiben die Zankäpfel Südtirol und Friaul erhalten.

**1938** Mit dem Aufkommen des Faschismus in Europa und seinen Hauptprotagonisten Italien und Deutschland ändert sich die Situation. Die Regierung des Dritten Reichs entscheidet mit dem Anschluss Österreichs, dass Südtirol künftig zu Italien gehört, da man zwischen den Bruderländern des Faschismus keine Streitereien will. Damit ist die Notwendigkeit, Verona als Festungsstadt und Bollwerk gegenüber dem mächtigen Nachbarn im Norden zu erhalten, erloschen.

**1943** Mit den immer größer werdenden Gebietsverlusten der ursprünglichen Eroberungen der diktatorischen Achsenmächte im Laufe des Zweiten Weltkrieges ist ein Sieg des faschistischen Europas bald nicht mehr realistisch. Die Italiener stürzen Mussolini, vertreiben ihn aus Rom und kündigen die Waffenbruderschaft mit dem Großdeutschen Reich auf. Die bislang zentralistisch in Rom organisierte italienische faschistische Republik ist aber noch nicht am Ende, ihre Administration zieht in den Norden um und gründet die „Republik von Salò" (das am Gardasee liegend zur Hauptstadt wurde). Die Ministerien der Regierung werden auf verschiedene Städte verteilt. Verona erhält die meisten Ministerien und wird damit zum Zentrum der Marionettenregierung. Der Führer des auch „Italienische Sozialrepublik" genannten Staates ist erneut der – diesmal von Hitler eingesetzte – *Duce* Benito Mussolini.

**1944** Als erste Handlung erklärt Mussolini dem Königreich Italien mit Sitz in Rom den Krieg, dann initiiert er den „Prozess von Verona". In ihm werden tatsächliche und unliebsam gewordene vermeintliche Gegner des Faschismus – darunter der Schwiegersohn Mussolinis, Graf Ciano (1936–1943 Außenminister) – im Januar 1944 zum Tode verurteilt und anschließend hingerichtet.

**1945** Fast zeitgleich mit der Schaffung der Republik von Salò landen die Alliierten auf Sizilien und drängen die deutschen Truppen

◀ *Garibaldi – der Befreier Italiens*

in einem für beide Seiten zermürbenden Feldzug nach Norden, der erst zum Ende des Krieges im April 1945 beendet ist. Als Verona aufgegeben wird, sprengen die Deutschen alle Brücken der Stadt, auch die historischen. Zuvor haben US-Bomber die Stadt stark verwüstet – sie ist eine der meistbombardierten Ziele Italiens. Nun macht man sich an die Behebung der Zerstörungen. Die Brücken (darunter die der Skaliger und der Römer) werden im Originalzustand wieder errichtet, die zerbombten und gesprengten Häuser neu aufgebaut.

**1959** Immer wieder kommt es zu Hochwasser in der Stadt. Dies kann nicht zuletzt auf die Begradigungen zurückgeführt werden, die die österreichische Administration im 19. Jh. vorgenommen hat und die Fließgeschwindigkeit des Flusses beträchtlich erhöhen. 1959 eröffnet man nach 20-jähriger Bauzeit einen 10 km langen Ableitungstunnel von Mori bis Torbole nördlich von Verona, der bei drohenden Überschwemmungen geöffnet wird und die Wassermassen der Etsch mit einer Kapazität von 50 $m^3$/Sekunde in den Gardasee leitet. Bei den starken Überschwemmungen von 1966 kann so Verona vor schweren Folgen bewahrt werden, der Wasserspiegel des 370 $km^2$ großen Gardasees hebt sich hierbei immerhin um 17 cm.

029ve Abb.: sk

**1991** Mit der Gründung der Partei Lega Nord unter Umberto Bossi knüpft Norditalien an die Tradition der Stadtstaaten des Mittelalters an. Vom wirtschaftlich armen Süden und dem korrupten Rom will man sich ausdrücklich trennen. Ein eigenständiger norditalienischer Staat, Padanien, steht auf dem Banner der Partei, die 1996 nach einem fulminanten Sieg mit 10,4 % der Stimmen auf Nationalebene mit 87 Abgeordneten ins römische Parlament einzieht.

**2000** Unter Berlusconi mit seiner Forza Italia bildet die Lega Nord eine Mitte-Rechts-Allianz, rückt aber zunehmend vom sezessionistischen Gedanken ab und tendiert mehr zu einer regionalistischen Organisation. Mit dem Verlust der Regierungsgewalt 2006 bricht der Wunsch nach einem „Nordparlament" jedoch wieder auf.

**2007** Bei den Gemeindewahlen kann der Kandidat der Lega Nord mit einer wieder sezessionistisch geprägten Parteipolitik 61 % der Stimmen in der Provinz Verona auf sich vereinigen. Bürgermeister der Stadt Verona wird der wegen rassistischer Äußerungen mehrfach verurteilte 39-jährige Lega-Nord-Hardliner Franco Tosi. Er verspricht seinen Wählern eine „ethische Säuberung" der Stadt – Roma, Kriminelle, Rauschgifthändler und Prostituierte sollen aus dem Straßenbild verschwinden.

**2009** Seit Mai 2009 ist Veronas Altstadt zwischen Piazza Erbe und Piazza Brà WiFi-Zone mit kostenlosem Internetzugang.

# LEBEN IN DER STADT

030ve Abb.: sk

*Verona und seine Provinz gehören zu den Tigern Europas, können sich bezüglich ihrer Wirtschaftskraft mit den besten Regionen Europas messen. Zahlreiche Kleinbetriebe produzieren auf höchstem Niveau für den Export, die Universität genießt einen hervorragenden Ruf und die Geschichte verpflichtet zum behutsamen Umgang mit dem städtischen Erbe – nicht zuletzt deshalb wächst der Touristenstrom stetig an.*

100 km östlich glitzert Venedig in der Lagune, 150 km westlich liegt Mailand (Milano) und 150 km nördlich schmiegt sich Bozen ins Alpental. Verona hat eine **zentrale Position in Norditalien.** Hier schnitten sich die Verkehrswege des Alten Rom und heute treffen hier die modernen Schnellstraßen aufeinander. Lkws aus Nordeuropa donnern auf der Autobahn in südliche Richtung, die Zitrusfrüchte des Südens wiederum werden über Verona Richtung Norden transportiert und die Industrieproduktion des Veneto wird hauptsächlich von den Logistikunternehmen Veronas in alle Welt gebracht. Die Straßen Norditaliens von Ost nach West und von Nord nach Süd leiden an einem **ständigen Verkehrskollaps** – und Verona ist mittendrin.

Die Stadt ist **Sitz der Regierung der gleichnamigen Provinz,** in der offiziell 865.000 Menschen leben. 3121 km² beträgt die Größe der Provinz, womit durchschnittlich knapp 300 Menschen auf einem Quadratkilometer leben. Verona ist Teil der Region Veneto (andere Provinzen des Veneto: Venedig, Belluno, Vicenza, Rovigo, Padua und Treviso). Etwa 75 Milliarden Euro beträgt das Bruttoinlandsprodukt der Region, damit gehört sie zu den wirtschaftlich stärksten in ganz Europa. Die wichtigsten Industrieregionen konzentrieren sich entlang der Achse Verona – Vicenza – Treviso.

Es dominiert allerdings nicht die Groß- oder Schwerindustrie, es sind vielmehr **Tausende unabhängiger Klein- und Mittelbetriebe,** die extrem flexibel auf Änderungen der Märkte reagieren können. Und wer über China spricht, sollte eben auch den Veneto erwähnen: 50 % der Brillen und 65 % der Skischuhe weltweit kommen von hier. 1250 Mio. Euro setzt die Schuhindustrie Veronas, 2000 Mio. Euro ihre Marmorindustrie und 2500 Mio. Euro ihre Logistikunternehmen um. Auch in der Messe mit ihren internationalen Veranstaltungen (darunter die größte Weinmesse der Welt, Landwirtschaftsmessen, Schmuckmesse) spiegelt sich die Wirtschaftskraft der Provinz wider.

▲ *Nicht nur die Arena zieht Touristen an*

◄ *Der nahe Gardasee schützt Verona vor Überschwemmungen*

So ist man im Veneto also wer, zeigt dies auch stolz und ist verärgert über die Landesregierung in Rom, die vermeintlich die herausragende wirtschaftliche Leistung nicht ausreichend honoriert und die im Norden mühsam erwirtschafteten Gelder in strukturell ärmere Regionen des Südens transferiert. Kommunale Wahlen, die immer wieder die rechtsgerichtete Lega Nord in die Kommunalregierung bringen, sind daher ein Ausdruck der Einstellung, dass man es alleine, ohne den Süden, doch viel besser könne. Aus diesem Grund ist die **Kommunalpolitik** häufig von starken Tönen geprägt, um die Gemüter zu beruhigen oder auch um sie in Wallung zu bringen. Die Realpolitik hingegen ist hochpragmatisch und sorgt dafür, dass die Wirtschaft weiter wächst und gedeiht.

In die Provinz Verona reisen jährlich drei Millionen **Touristen** und sorgen für 12,5 Mio. Übernachtungen pro Jahr. Auf die Provinzhauptstadt allein entfallen davon 600.000 Besucher, die durchschnittlich 2,5 Nächte bleiben. Auch wenn die Touristen für ein willkommenes Zubrot sorgen, das wirtschaftliche Rückgrat der Bewohner von Provinz und Stadt sind weiterhin die Industrie und der Handel. Gerne profitiert man aber von den **positiven Begleitumständen**, die der Tourismus mit sich bringt: eine saubere und sichere Stadt, ein reiches Kulturangebot für jeden Geschmack und eine Küche auf hohem Niveau.

Die Bewohner Veronas genießen selbstverständlich auch das uferlose Freizeitangebot in den **Naherholungsgebieten** der Provinz, die immerhin das größte Binnengewässer Italiens beinhalten: den Gardasee mit dem 2218 m hohen Cima Vadritta in der Monte-Baldo-Gruppe als Blickfang. Einen Ausflug wert sind zudem die Weinregionen, die mehr oder weniger am Stadtrand beginnen.

Auch im **Umweltschutz** ist man seit den 1990er-Jahren besonders aktiv. Mit dem regionalen Naturpark Lessinia im Norden der Provinz konnte man 102 $km^2$ der fragilen Gebirgsregion nachhaltig schützen. Durch den Bau von Klärwerken und einer Ringkanalisation wurde in den letzten Jahrzehnten außerdem die Wasserqualität des Gardasees kontinuierlich verbessert, die insbesondere an den Ufern der Provinz Verona als sehr gut eingestuft wird. Immerhin hat das Gewässer im Jahr 2000 den Preis als sauberster See Europas gewonnen! Nur die Etsch ist ein wenig zum Sorgenkind geworden. Die mindere Qualität des Etsch-Wassers liegt aber nicht an Einleitungen in den Fluss, sondern am verminderten Wasserfluss, verursacht durch den Bau von Kraftwerken im Oberlauf.

264.000 Bewohner hat die Stadt Verona, fast 10 % davon sind Studenten. Die **Universität** wurde 1959 gegründet und zählt sieben Fakultäten: Wirtschaftswissenschaften, Rechtswissenschaften, Literaturwissenschaft, Philosophie, Sprachwissenschaften, Medizin, Naturwissenschaften und Erziehungswissenschaften. Etwa 22.000 Studenten sind eingeschrieben und damit gehört die Universität zu den größeren Hochschulen des Landes. Sie trägt einen gewichtigen Teil zum kulturellen Leben der Stadt bei. Ausstellungen, Vorträge und Kongresse sorgen für Besucher und ein intellektuelles Klima.

# VERONA ENTDECKEN

004ve Abb.: sk

# DIE ALTSTADT

*Der Bummel durch das „centro storico" entführt in schmale Gassen und auf lebhafte Plätze, wo die Geschichte von der Römerzeit bis zu Venedigs Herrschaft in der Architektur lebendig wird. Doch ist die Altstadt nicht nur Museum, hier befindet sich entlang der Via Mazzini und ihrer Nebengassen zudem Veronas Shoppingmeile mit Boutiquen bekannter Designer und großer Bekleidungsketten. In der weitgehend verkehrsberuhigten Zone ist man idealerweise zu Fuß unterwegs.*

## AN DER PIAZZA BRÀ

### 1 Piazza Brà ★★★ [J7]

*Die Piazza ist der Empfangssalon der Stadt. Wer in das alte Zentrum vorstoßen will, kommt an der Piazza Brà nicht vorbei. Zahlreiche Restaurants und Bars haben ihre Stühle und Tische auf die breiten Gehwege gestellt und es gibt kaum eine Jahreszeit, an denen diese nicht gut besetzt sind.*

Braida bzw. Brà (abgeleitet vom deutschen Wort „breit") hieß die weite Ebene vor den Stadttoren und auch heute noch zeigt sich der Platz als **weite, offene Fläche,** die umgeben ist von den Palazzi aus dem Mittelalter. An seiner nördlichen Seite ragt die eindrucksvolle antike Arena 2 empor, in der Mitte des Platzes laden Bänke unter dem Schatten hoher Bäume und ein Springbrunnen zum Verweilen ein. Edellokale, aber auch einfache Imbisse am Platz erlauben während des Essens genussvolle Ausblicke auf das Treiben, das stete Auf und Ab der Spaziergänger und auf die historischen Bauten. **„Liston"** nennen die Veroneser die breiten, mit rosafarbenen Marmorplatten aus dem Valpolicella belegten Bürgersteige, die aber hauptsächlich von der Bestuhlung der Lokale genutzt werden. Deshalb schlendert man, ungestört von Autos und Vespas, kreuz und quer über den unregelmäßig geformten Platz.

Als man im 16. Jh. das ehemalige römische Forum Boario zum **größten Platz Veronas** – und einem der größten Plätze Europas – umgestaltete, zeichnete sich u. a. der bedeutende Renaissancearchitekt Michele Sanmicheli für die Gestaltung und die Randbebauung der Piazza verantwortlich. In der Mitte des Platzes erinnert ein **Reiterstandbild** an den italienischen König Vittorio Emanuele II. (1820–1878). Das Monument wurde zu dessen 5. Todestag am 9. Januar 1883 errichtet.

Der Springbrunnen im Park ist jüngeren Datums. Die **Fontana delle Alpi** (Alpenbrunnen, auch Münchner-Kindl-Brunnen) wurde 1974/75 gestiftet anlässlich der Einführung der Städtepartnerschaft zwischen Verona und München. Der Volksmund nennt sie *struca limoni* – Zitronenpresse –, da ihre Form entfernt an eine solche erinnert. München erhielt im Gegenzug eine bronzene Juliafigur, die am dortigen Alten Rathaus aufgestellt wurde. Ebenfalls anlässlich der Städtepartnerschaft wurde unter den Bäumen der Piazza Brà ein **Gedenkstein** für die in deutsche Konzentrationslager verschleppten Italiener aufgestellt.

Im südlichen Bereich des Platzes reizt ockerfarben die klassizistische Fassade des mit Kolossalsäulen und einem wuchtigen Giebelportikus als *Gran Guardia Nuova* 1840 errichteten Gebäudes, in dem österreichische

Truppen stationiert waren, den Blick des Betrachters. Seit 1869 wird es als **Rathaus** genutzt – der **Palazzo Municipale.** Mit dem Bau entledigten sich die Habsburger des verrufenen Viertels Sant' Agnese, das für den Palazzo dem Erdboden gleichgemacht wurde. Das Halbrund an der Hinterseite des Palazzo fügte man erst 1950 an.

## 2 Arena ★★★ [J7]

*Das nach dem Kolosseum in Rom und dem Amphitheater von Capua drittgrößte erhaltene altrömische Amphitheater beherrscht von der nördlichen Seite her die Piazza Brà. Im Sommer, während der Spielsaison, pilgern Operfreunde aus der ganzen Welt hierher und genießen in ausgezeichneter Akustik die Aufführungen von Verdi und Compagnie.*

In der zweiten Hälfte des 1. Jh. n. Chr. sorgte das Kaisergerschlecht der Flavier für Brot und Spiele auch in der Provinz und ließ die Arena errichten. Aus der Valpolicella kamen die Steine, die passgenau behauen ohne Mörtel aufeinandergetürmt wurden. Fast 400 Jahre konnten nun Gladiatoren und die Bestien der Tierwelt Afrikas im Kampf gegeneinander die Massen erfreuen. Im Jahr 404 schließlich verbot Kaiser Honorius die Gladiatorenspiele und Wettkämpfe. Ursache hierfür war der Lynchmord an dem christlichen Mönch Telemachos in Rom, der im Kolosseum die Besucher ungebetenerweise dazu aufgerufen hatte, vom blutigen Wahnsinn der Spiele, der im Lauf der Zeit Hunderttausende das Leben gekostet hatte, abzulassen.

032ve Abb.: sk

▶ *Die Arena ist der Hauptanziehungspunkt der Stadt*

Im 12. Jh. zogen mehrere Erdbeben das ursprünglich 152 m lange und 113 m breite Bauwerk schwer in Mitleidenschaft. Die **ringförmige Umfassungsmauer** wurde größtenteils zerstört und das heutige Außengemäuer war ursprünglich der schmucklose Innenbereich, dem die ehemalige, mit Säulen verzierte Ringmauer vorgeblendet war. Nur ein vier Bögen breiter und drei Geschosse hoher Rest der Vorblendung existiert seitdem noch, der von den Veronesern *l'ala* („Flügel") genannt wird. Damit war die Arena auf das heutige Maß von 138 m Länge und 109 m Breite verkleinert.

Im Mittelalter wurde sie zum **Steinbruch** und nicht wenig Baumaterial aus ihr herausgebrochen – nicht zuletzt, um Kirchen zu errichten. In der Renaissance entschied schließlich die venezianische Regierung, sich auf das Erbe zu besinnen und Restaurierungsarbeiten durchzuführen. Schon damals wollte man die Arena für Veranstaltungen nutzen, was wohl auch sporadisch, aber nicht durchgängig geschah. Die ehrwürdigen Mauern sahen so die Comedia dell'arte (italienische Stegreifkomödie), Konzerte und Stierkämfe. Zu Beginn des 20. Jh. kam es dann zu regelmäßigen

031ve Abb.: sk

Aufführungen in der Arena. Die **ausgezeichnete Akustik** machte und macht es möglich, 22.000 Menschen, die auf den Stufen des Inneren Platz fanden, auch ohne moderne Technik an den Kunstgenüssen teilhaben zu lassen. Mit der ersten Aufführung der Neuzeit 1913 – Verdis Aida – waren die Opernfestspiele begründet.

Zur Besichtigung betritt man die Arena durch die **Katakomben** an der Südostseite. Hier kann man sich gut vorstellen, warum den Veronesern des Mittelalters das Bauwerk als Labyrinth des Teufels galt. Die tatsächlich blutgetränkten Mauern der dunklen Gewölbe, das Gewirr der Gänge mögen bei Fackelschein dem Abergläubischen unheimlich gewesen sein. Auch heute erleuchten die Glühbirnen nur spärlich das Dunkel und man atmet auf, wenn man hinaus tritt in das **weite Oval aus hellem Stein.** Während der Opernsaison stehen Tausende Stühle im Rund, in der Nachsaison hat man die Arena blankgeputzt von aller Technik für sich alleine. Blau spannt sich der Himmel, hie und da sitzt ein Liebespaar auf den Stufen und bannt den Moment für die Familie zu Hause auf einem Foto. Wer Zeit hat, kann sich im weiten Rund bequem niederlassen, ein Buch oder die Zeitung lesen und die Seele baumeln lassen.

Die **Opernfestspiele** beginnen jedes Jahr im Juni und enden im August. 600.000 Gäste aus aller Welt werden in dieser Zeit erwartet, die Hotels quellen über, viele Restaurants sind ausgebucht – die Stadt ist in einer Art Ausnahmezustand. Wer eine Karte ergattert hat, betritt die Arena durch einen der 70 Eingänge. Die teuren nummerierten und bestuhlten Plätze auf dem Grund der Arena sind denjenigen vorbehalten, die sich in eine elegante Abendgarderobe zu werfen bereit sind. Ihre Mühe belohnt das restliche Publikum auf den Rängen mit Szenenapplaus: je festlicher das Gewand, desto herzlicher das Klatschen.

Die billigeren Plätze ohne Nummerierung sind schon mehrere Stunden im Voraus eingenommen. Wer sich auskennt, hat ein Picknickkörbchen dabei und ein Sitzkissen, wer Neuling ist, muss sich die Polsterung ausleihen. Dann senkt sich die Sonne hinter den alten Steinen, es wird dunkel, das Orchester setzt zur Ouvertüre ein. Jeder illuminiert mit Feuerzeug oder Taschenlampe seinen Platz. Und wenn der erste Sänger die Bühne betritt, erlischt alles, was nicht dazu gehört, die Scheinwerfer blenden auf – das Spiel beginnt.

- Piazza Brà, Tel. 045 8003204, Mo. 13.30–19.30 Uhr, Di.–So. 8.30–19.30 Uhr (Kassenschluss 18.30 Uhr), an Aufführungstagen nur bis 16 Uhr, Eintritt 6 € (mit Museo Maffeiano 5 7 €), Okt.–Mai jeden ersten Sonntag/Monat Eintritt 1 €, Verona Card ist gültig.
- **Karten für die Opernfestspiele:** Via Dietro Anfiteatro 6b, Tel. 045 8005151, Fax 045 973499, www.arena.it oder www.veronaticket.com

## 3 Palazzo della Gran Guardia ★ [I7]

Auf das Jahr 1610 geht der Palazzo della Gran Guardia zurück, die „Große Wache“. Die **Loggia** im Erdgeschoss wurde von Domenico Curtoni, einem Schüler Sanmichelis, großzügig gestaltet, in ihr sollte schließlich trockenen Fußes und Hauptes exerziert werden können. Das Treppenhaus und Teile des Obergeschosses wurden erst im Jahr 1850 fertiggestellt.

Das Erdgeschoss zitiert die Architektur der palladianischen Schule, die Doppelsäulen des Obergeschosses imitieren Sanmichelis Porta Palio (siehe Parco della Mura 29). Heute ist die Nutzung der Wache friedlicher und intellektueller Natur. Sie dient als **Kongressplatz** und als **Galerie** für temporäre Ausstellungen. Im Jahr 2003 ließ hier Silvio Berlusconi als Ministerpräsident eine Pressekonferenz mit dem damaligen deutschen Kanzler Schröder und EU-Kommissionspräsidenten Romano Prodi platzen. Von Presseleuten gefragt, ob denn Berlusconi ihn, Gerhard Schröder, nicht leiden könne, schwieg der Kanzler. Prodi antwortete an seiner statt: „Ich gefalle Berlusconi ja auch nicht sonderlich.“

033ve Abb.: sk

◄ *In den Katakomben der Arena*

► *Die Portoni della Brà*

## 4 Portoni della Brà ★ [I7]

Durch die Portoni della Brà, die Tore der Brà, gelangt man auf den Corso Porta Nuova, der die Altstadt mit den Befestigungsmauern im Süden und dem dahinterliegenden Bahnhof [G9] verbindet. Ursprünglich waren die zwei großen, mit Zinnen bekrönten Bögen der Portoni nicht als Stadttor gedacht. Sie wurden angelegt als ein Teil **eines Verbindungsgangs** zwischen dem Castelvecchio 24 und der *cittadella,* dem riesigen Gebäudekomplex der Zitadelle, von der bis auf Reste der Stadtmauer nichts mehr erhalten ist.

Die Zitadelle und einen der Bögen der Portoni schuf Gian Galeazzo Visconti im 14. Jh. im Zuge der Erstellung des Stadtmauerrings, der zweite Bogen wurde Ende des 15. Jh. angefügt. Ebenfalls auf Visconti geht der östlich anschließende Turm, der fünfeckige **Torre Pentagona** (1390), zurück.

034ve Abb.: sk

## ❺ Museo Lapidario Maffeiano ★★ [I7]

*Marchese Maffei war ein leidenschaftlicher Sammler archäologischer Funde. Im Atrium der Accademia Filarmonica hat noch er selbst die schönsten archäologischen Stücke für die Öffentlichkeit zusammengestellt.*

Francesco Scipione Maffei (1675–1755) wurde in Verona geboren, studierte in Parma und zog anschließend in den Kampf, um die Bayern beim spanischen Erbfolgekrieg zu unterstützen. Danach verlegte er sich auf das Geistesleben, schrieb Theaterstücke und interessierte sich zunehmend für die Archäologie seiner Heimatstadt. Als **eine Art Universalgenie** beschäftigte er sich aber auch mit den Naturwissenschaften und ließ ein Observatorium errichten.

Das Museum entstand während der Jahre zwischen 1718 und 1727. Maffei ließ die den Hof der Akademie umgebende Mauer mit einem Wetterdach decken und 230 Inschriften befestigen. Im Hof wurden **Reliefs, Urnen, Sarkophage, architektonische Fragmente und Skulpturen** aufgestellt. Weitergehende Pläne, wie beispielsweise die Porta Leoni aus der Via Cappello abzutragen und als Eingangstor des Museums zu verwenden, wurden aber verworfen. Napoleons Truppen plünderten das Museum zu Beginn des 19. Jahrhunderts. Wenn auch die meisten Stücke zurückgegeben wurden, einige besonders wertvolle Exemplare verblieben bis heute im Louvre. 1882 übernahm die Kommune die Anlage. Die Behebung der Zerstörungen von 1945 dauerte 20 Jahre.

Das Lapidarium besitzt fast den **Charakter eines Wohnzimmers.** Die wuchtige Vorhalle der Accademia Filarmonica wacht über die marmornen Zeitzeugen der Etrusker und Römer, man wandelt auf Steinplatten und entziffert die zahlreichen Inschriften mit genauer Datierung. Maffeis erklärtes Ziel war es, auch dem einfachen Volk die klassische Zeit nahezubringen, auf dass es sich an sein antikes Erbe erinnert und aus diesem lernt.

In den Etagen des Eintrittgebäudes sind weitere Fundstücke ausgestellt. Im ersten Stock findet sich die **größte Sammlung an griechischen Grabinschriften** (5. Jh. v. Chr. bis 4. Jh. n. Chr.) in Italien mit Darstellungen aus dem täglichen Leben der Verstorbenen. Bereits Goethe war von den Inschriften tief beeindruckt. Die zweite Etage zeigt etruskische Urnen, Funde aus frühvenetischer Zeit und einen römischen Sarkophag mit einem Jüngling (3. Jh. n. Chr.).

› Piazza Brà 28, Tel. 045 590087, Mo. 13.30–19.30 Uhr, Di.–So. 8.30–19.30 Uhr (Kassenschluss jeweils 18.45 Uhr), Eintritt 4,50 € (zusammen mit der Arena ❷ 7 €), Okt.–Mai jeden 1. So./Monat Eintritt 1 €, Verona Card ist gültig.

◄ *Die Akademie des Scipione Maffei*

► *Piazza Erbe vom Torre dei Lamberti*

### 6 Via Mazzini ★ [J7]

Die direkteste Verbindung zwischen Piazza Brà 1 und Piazza Erbe 7 ist die Via Mazzini, entsprechend dicht bevölkert ist diese auch. In großen Gruppen ziehen die Touristen hindurch und folgen ihrem Führer, blanke Schaufenster mit gleißend illuminierter Mode begleiten die Besucher auf ihrem Weg von der Arena 2 zur Casa di Giulietta 11. Erst wenn die Stadtführungen zu Ende sind, hat man die Zeit, sich mit *alta moda* (dem letzten Modeschrei) einzudecken, sodass die Geschäfte erst gegen Abend wirklich voll werden. Ist der Geldbeutel gut gefüllt, wird man auf alle Fälle fündig. Alle großen Modemarken Italiens sind vertreten, aber auch kleine exklusive Boutiquen bieten hier **Kleidung und Accessoires** an.

Bis zum Beginn des 19. Jahrhunderts standen auf dem Areal der heutigen Via Mazzini nur Lagerhallen und Baracken, der Boden war nicht befestigt und bildete bei nassem Wetter eine Schlammwüste, 1818 pflasterte man schließlich. Die Straße wurde 1907 nach dem Philosophen und Politiker Giuseppe Mazzini (1805–1872) benannt, der in der Bewegung des *risorgimento* (s. „Von den Anfängen bis zur Gegenwart") für die Einheit Italiens kämpfte.

## RUND UM DIE PIAZZA ERBE

### 7 Piazza Erbe ★★★ [J6]

*Ist die Piazza Brà der Empfangssalon der Stadt, so gilt die Piazza Erbe als ihr Wohnzimmer. Restaurants und Cafés haben ihre Stühle und Tische auf den Bürgersteig gestellt, die Marktbuden verkaufen eingerahmt von den mächtigen Palästen Kitsch und Obst und über den ganzen Platz sind kleine Monumente verteilt.*

Der Kräutermarkt war einst das *forum romanum,* der zentrale Platz des altrömischen Verona, auf dem sich wie heute das politische, wirtschaftliche und gesellschaftliche Leben konzentrierte. Auf der Südwestseite des langgestreckten Platzes zwischen Corso Porta Borsari und Via Pellicciai stand das Kapitol, die Häuser stehen auf dessen Fundamenten.

Die Nordwestseite des Platzes dominiert der barocke **Palazzo Maffei,** 1668 von Rolando Maffei errichtet. Ganz im Stil der Zeit legte man Wert auf eine massige Wirkung der Fassade, die mit zahlreichen Ornamenten bestückt wurde. Die Terrasse bepflanzte man mit einem hängenden Garten, in dem Zitrusfrüchte gediehen. Die Attika (= Halbgeschoss zur Verdeckung des Daches) ist mit einer skulpturengeschmückten Balustrade

035ve Abb.: sk

ausgestattet: Die griechischen Götter Herkules, Zeus, Aphrodite, Hermes, Apoll und Athene (von links) schauen auf das Marktleben hinunter. Im Erdgeschoss befindet sich heute ein Restaurant der gehobenen Preisklasse, den kühlen Innenhof mit wuchtigen Säulen kann man aber auch so betreten.

Neben dem Palazzo Maffei endet der **Torre del Gardello** in beeindruckender Höhe. Er wurde 1370 unter dem Skaliger Cansignorio als Uhrtum errichtet. Jede Stunde schlug die Glocke an. 1421 ergänzte man das Ziffernblatt mit Zeiger, sodass die Zeit auch für jeden Bürger nicht nur hör-, sondern auch sichtbar war. Der glockenförmige Dachabschluss wurde 1626 aufgesetzt. Vor dem Palazzo Maffei erinnert die marmorne **Colonna di San Marco** mit einem geflügelten Löwen auf der Säulenspitze an die ehemaligen Herrscher der Stadt. Venedigs Löwe war in der Zeit der *Serenissima* allgegenwärtig und wurde 1523 in Verona aufgestellt. 1797 zerstörten napoleonische Truppen den Löwen, 1883 wurde die Säule wiedererrichtet.

Die **Tribuna** aus dem 16. Jh. inmitten des Platzes ist ein kleiner Baldachin, den man zur Kontrolle des Marktes aufstellte. Leicht erhöht konnte die Gewerbeaufsicht die Vorkommnisse auf dem Platz bestens beobachten. Wer sich etwas zuschulden kommen ließ, wurde an der Tribuna angekettet und musste unter Gespött der Umstehenden seine Strafe erleiden. Auch war dies der Platz der Verlesung von Gesetzen, der Amtseinführungen und Eidschwüre auf die Stadt.

Die **Fontana di Madonna Verona** stammt von 1368. Man verwendete eine in der Umgebung des ehemaligen Kapitols gefundene Skulptur aus dem 1. Jh., restaurierte sie und gab ihr ein Spruchband in die Hände, auf dem die Stadt und die alte Zeit besungen werden. Die **Colonna del Mercato** ließen die Visconti 1401 im gotischen Stil errichten, ihr Wappen ist noch auf der Säule zu sehen. Neben ihr blickt der Dichter Roberto Tiberio Barbarani (1872–1945) als **Bronzeskulptur** in natürlicher Größe über den Platz. Der Poet hat viele Werke im Veroneser Dialekt geschrieben.

Auf der Südwestseite des Platzes steht das **Domus Mercatorium**, das Haus der Händler, 1301 unter den Skaligern erbaut. Das zinnenbewehrte, zweistöckige *casa dei mercatori* hat im Lauf der Zeit mehrere Veränderungen erlebt, ursprünglich war das Erdgeschoss vollständig als Loggia angelegt. Auf der gegenüberliegenden Seite fallen die Renaissancefresken an der langgestreckten Fassade zum Corso Sant'Anastasia hin ins Auge. Die **Case dei Mazzanti** wurden im 14. Jh. gebaut und das Obergeschoss stand im Besitz der Skaliger, die es als Speicher für kommunale Weizenvorräte nutzten. Im Erdgeschoss waren Läden und Werkstätten untergebracht, 1480 fügte man eine Vorhalle an. Als das Anwesen 1517 in den Besitz der Familie Mantazzi überging, beauftragte diese die Freskenmaler Alberto Cavalli, Gian Francesco Caroto und Nicolò Giolfino mit der Ausführung der Allegorien über die Unwissenheit, den Neid, die Barmherzigkeit und die Mäßigung.

› **Markt auf der Piazza Erbe:** täglich ab 8 Uhr, die Lebensmittelstände schließen meist am frühen Nachmittag, Souvenirs werden bis in die Abendstunden verkauft.

► *Torre dei Lamberti*

## 8 Palazzo del Comune mit Torre dei Lamberti ★★★ [K6]

*Zwischen dem Wohnzimmer der Stadt, der Piazza Erbe, und dem Arbeitszimmer, der Piazza dei Signori, wuchtet sich der Palazzo del Comune in den Himmel, das älteste Rathaus Italiens. Vom Turm des Palazzo, dem Torre dei Lamberti, genießt man den besten Ausblick auf Verona.*

Auf das Jahr 1193 (vielleicht auch auf 1138) geht der auch Palazzo della Ragione (Justizpalast, Palazzo del Comune) genannte, vierflügelige Bau zurück. Den Auftrag für die Errichtung gab der *Podestà* Guglielmo da Osa. Ursprünglich war der Palast mit vier Türmen befestigt, von denen einer noch als Stumpf und allein der Torre dei Lamberti noch in voller Höhe erhalten ist. Die für die Romanik typische Fassade wurde im Materialwechsel zwischen Tuffstein und Ziegel streifig gestaltet.

1218 verwüstete ein Feuer den Palazzo und der Wiederaufbau schuf die Anlage in der derzeitigen quadratischen Form. 1541 und 1723 zerstörten erneut Feuer weite Teile des Gebäudes. Zur Piazza Erbe 7 hin ist die Nebenfassade in klassizistischer Manier verkleidet (1810), bei den anderen Fassaden sind die klassizistischen Elemente zurückgebaut worden. An der Piazza dei Signori 9 zeigt sich der Palast im Stil der Renaissance (Umbau 1524).

Der Palast war **Sitz der Stadtverwaltung**, des Zivil- und Strafgerichts, der Notariatskammer, des Zollamts für Seide und der Steuerbehörde und beherbergte ein Weizen- und Salzlager. Im Saal des Obergeschosses tagte der Große Rat der Stadt. Die trotz ihrer Größe zierlich wirkende Freitreppe im Innenhof unterhalb des Torre dei Lamberti – die **Scala della Ragione** – entstand 1447. Der **weite Innenhof mit Arkaden** war ursprünglich ein Markt, heute finden hier im *Cortile del Mercato Vecchio* wie im Teatro Romano 24 die Aufführungen des Veroneser Sommertheaters statt. Der Palast selbst ist seit seiner Renovierung 2007 ein Ort für Kunstausstellungen.

036ve Abb.: sk

Der 83 m hohe **Torre dei Lamberti** war der einzige Turm der Stadt in Privatbesitz, die Familie Lamberti ließ ihn 1172 errichten. 1464 kam das achteckige Turmgeschoss hinzu, in dem die beiden Glocken „Rengo“ (die bei Gefahr zu den Waffen rief) und „Marangona“ (die den Bauern den Arbeitsschluss und auch Feuer in der Stadt anzeigte) hängen. Um auf die Aussichtsplattformen zu gelangen, kann der schnelle Weg mit dem Aufzug oder der mühselige, aber gesündere über die Treppen gewählt werden. 243 Stufen sind es, bis man die obere Station des Liftes erreicht, dann geht es auch für die Bequemlicheren nur zu Fuß weiter, 46 Stufen bis zur ersten Plattform, weitere 56 bis zur zweiten und nochmal 23 bis zum höchsten Aussichtspunkt – insgesamt also 368 schweißtreibende Schritte.

Auf der obersten **Aussichtsplattform** kann man einmal im Kreis gehen und aus luftiger Höhe bis in die Hügelwelt von Custozza blicken, wo Radetzky 1848 eine Schlacht gewann, nach der ihm zu Ehren der gleichnamige Marsch komponiert wurde. Bei Solferino nahebei fand 11 Jahre später nochmals ein Blutbad statt. Der Genfer Geschäftsmann Henry Dunant veröffentlichte unter dem Eindruck der Schrecken der Schlacht von Solferino und der katastrophalen medizinischen Zustände nach der Schlacht ein weithin beachtetes Buch mit dem Titel „Eine Erinnerung an Solferino", in dessen Folge das Rote Kreuz gegründet wurde. 1864 schließlich wurde die Genfer Konvention unterzeichnet und das Rote Kreuz nahm das erste Mal an Kriegshandlungen teil.

› **Torre dei Lamberti:** Cortile Mercato Vecchio, Tel. 045 9273027, Winter tgl. 8.30–19.30 Uhr, Sommer Sa.–Do. 8.30–20.30 Uhr, Fr. bis 23 Uhr, Eintritt 6 €, Verona Card ist gültig.
› **Karten für Veroneser Sommertheater:** Palazzo Barbieri, angolo Via Leoncino 61, www.estateteatraleveronese.it, Tel. 045 8066485

037ve Abb.: sk

▶ *Detail an der Piazza dei Signori*

## 9 Piazza dei Signori ★★★ [K6]

*Die rechteckige Piazza dei Signore ähnelt einem großen Saal, den man durch einen der fünf wie Tore wirkenden Durchgänge betritt. Steht man in der Mitte neben der Statue Dante Alighieris, fühlt man sich fast so erhaben wie in einer Kirche.*

Der Platz war und ist das **Arbeitszimmer der Stadt.** In den Palazzi residierte der *Podestà,* arbeitet die Provinzregierung und das Gericht hat den ehemaligen Wohnsitz des Cansignorio della Scala bezogen. Die Prachtfassade des Palazzo del Comune 8 weist auf die Piazza dei Signori, die auch **Piazza Dante** genannt wird. In ihrer Mitte blickt der große italienische Dichter auf einem Podest und in Stein gehauen in die Ferne. Am 14. Mai 1865 enthüllte man das Denkmal in den frühen Morgenstunden, da – so das Kalkül – zu der Zeit die herrschenden Österreicher noch schliefen und nicht an der zum nationalitalienischen Ereignis erklärten Zeremonie teilnehmen würden.

Seinen Rücken hat er der **Loggia del Consiglio** zugewandt, dem prächtigsten Bauwerk des Ensembles. Es soll Fra Giocondo als Urheber haben. Baubeginn war 1476, 17 Jahre später wurde der Bau abgeschlossen. Beste venezianische Renaissance hat hier ihren Ausdruck gefunden und die Loggia ist auch der wichtigste Vertreter dieses Stils in Verona. Die feine Fassadengliederung mit ebenerdiger Loggia, säulengetragenen Doppelfenstern und den Statuen am Gesims wird noch verstärkt von der pastellenen Farbgebung, die mit Ornamenten spielt. Die Statuen von Alberto da Milano zeigen den stolzen Bürgern antike Geistesgrößen, von denen man glaubte, dass sie in Verona geboren worden seien: Gaius Valerius Catullus (Dichter aus dem nahen Sirmione), Plinius der Ältere (Gelehrter aus Como), Aemilius Macer (Dichter aus Verona), Marcus Vitruvius Pollio (Schriftsteller und Architekt unbekannter Herkunft) und Cornelius Nepos (Historiker unbekannter Herkunft).

Links neben der Loggia bekrönt die **Figur des Girolamo Fracastoro** (1478–1553) den Durchgang. Der Sohn der Stadt, Dichter, Arzt und Bekannter des Kopernikus, wurde unsterblich, weil er als erster den Krankheitsbegriff der Syphilis prägte (und ein Gedicht über sie verfasste). Er gilt als Vorreiter der modernen Mikrobiologie.

Rechts der Loggia schließt sich der von Zinnen gekrönte Backsteinbau des **Palazzo del Podestà** (auch Palazzo del Governo) an. Dieser war Sitz der Skaligerfamilie, bevor er Präfekturgebäude wurde. Seine Anfänge gehen auf das 12. Jh. zurück. In ihm wohnten bei ihren Aufenthalten in der Stadt Dante Alighieri und auch der Florentiner Maler Giotto di Bondone (1267–1337). Dieser bemalte während seines Aufenthalts den Festsaal, von seiner Arbeit ist aber leider nichts mehr erhalten. Durch das von Sanmicheli 1532 als Triumphbogen geschaffene Portal gelangt man in den **Innenhof** des Palazzo. Lediglich Reste gibt es von den Fresken Altichieros an der Hofloggia zu sehen.

Der sogenannte Costa-Bogen verbindet den Palazzo del Podestà mit dem Palazzo del Capitano. Einen direkten Zugang zwischen den beiden schuf der Balkon über die gesamte Breite des erstgenannten Gebäudes. Der Costa-Bogen heißt auch **Arco della Tortura** – hier hingen die Folterwerkzeuge, mit denen die venezianischen Richter die Wahrheit herauszufinden gedachten.

Der **Palazzo del Capitano** (auch Palazzo dei Tribunali) ist mit dem Palazzo del Comune (8) durch einen Bogen verbunden. Das Gebäude stammt aus dem Jahr 1575 und entstand unter den Rektoren Nicolò Barbarigo und Luigi Contarini. Der zinnenbewehrte Wehrturm stammt aus der zweiten Hälfte des 14. Jh., die Fassade aus dem 16. Jh. ebenso wie das von Sanmicheli geschaffene Portal. Im Innenhof des ehemaligen Sitzes der venezianischen Rektoren und einer Artillerieschule ist die mit zwei Kanonen als Säulen geschmückte **Porta Bombardiera** aus dem Jahr 1687 sehenswert. Mit halbblinden Scheiben abgedeckte Ausgrabungen im Innenhof lassen antike römische Fundamente erahnen.

Gegenüber dem Palazzo del Capitano, und links neben der Loggia del Consiglio steht das **Casa della Pièta** von 1407 im einfachen Renaissancestil. Das Flachrelief an der Fassade zeigt eine sitzende Frau mit einer Fahne – Sinnbild der Stadt Verona, die sich im Schutze der *Serenissima*

KLEINE PAUSE

**Schmökerpause**

*Im hinteren Bereich der **Buchhandlung Gheduzzi** (s. S. 18) kann man bis spät in die Nacht einen Kaffee oder Fruchtsäfte trinken und kleine Leckereien essen.*

(Venedig) befindet. In den **Palazzo dei Giudici** an der Kopfseite des Platzes zwischen der Casa und dem Palazzo del Comune zogen 1731 die Richter der Stadt ein. Es wird auch *domus nova* („neues Haus") genannt, da es einen Vorgängerbau aus dem 13. Jh. ersetzte.

## 10 Skaligergräber ★★★ [K6]

*Hoch im Himmel stehen die monumentalen Grabstätten der Skaligerfürsten. Die mit feinster Steinmetzkunst geschmückten Steinsarkophage hinter schmiedeeisernen Geflechten sind eines der schönsten Fotomotive der Stadt.*

Das älteste Grabmal ist das des Skaligers **Cangrande I.** (= „Großer Hund", 1291–1329). Es befindet sich an der Seitenwand der kleinen romanischen Kirche Santa Maria Antica über deren Eingangstor. Der Sarkophag ist mit einem Baldachin geschützt und steht – in Anspielung auf den Namen des Verstorbenen *(cane* = Hund) – auf dem Rücken von vier die Wappen der Skaliger haltenden Hunden. Man sieht Cangrande I. als Werk eines unbekannten Künstlers liegend in Stein gehauen und als Bekrönung des Baldachins in einem Reiterstandbild mit einem zum Kampfe bewehrten Tier und zum Schlage bereiten Schwert (das Originalmonument steht im Castelvecchio 24).

Innerhalb der Umzäunung aus einem Marmorfundament und einem kunstvollen Schmiedeeisen mit der Leiter als Wappensymbol *(scala* = Leiter) steht das **Grabmal des Mastino II.** *(mastino* = Dogge, 1308–1351) frei. Der noch zu Lebzeiten Mastinos erstellte Sarkophag ruht auf vier Pilastern, nach oben hin bilden vier pyramidenförmige Elemente eine Krone, die mit einer zentralen Fiale (= spitz auslaufendes Türmchen) abschließen. Auf ihr reitet Mastino in vollständiger Rüstung und mit Gesichtsschutz. Sein Antlitz auf dem Sarkophag zeigt ihn mit einem Bart.

Der Bildhauer Bonino da Campione (~1330–~1390) schuf das Grabmal des **Cansignorio** (= Leithund, 1334–1375) zur Straßenkreuzung hin. Obwohl es das am reichsten geschmückte Grabmal ist, gilt es als das künstlerisch am wenigsten wertvolle. Bewacht wird der Sarkophag von sechs Rittern in Tabernakeln, die mit Fialen nach oben abschließen. Auch

## BRUDERLIEBE

*Cansignorio ließ erst seinen Bruder Cangrande II. ermorden, dann, um seinen unehelichen Söhnen Bartolomeo und Antonio die Herrschaft zu sichern, auch noch den zweiten Bruder verurteilen und hinrichten. Antonio tötete mutmaßlich wiederum seinen Bruder Bartolomeo. Zumindest glaubten das die Edlen der Stadt und sorgten aus diesem Grund dafür, dass die Mailänder Familie Visconti an die Macht kam, um Ordnung zu schaffen in der Stadt. Die Zeit der Skaliger war damit zu Ende.*

▶ *Das Grabmal des Skaligerfürsten Cangrande I. (= „Großer Hund")*

Cansignorio wird an der Spitze als Reiter dargestellt, die Ausführung in ihrer etwas groben Form kann aber nicht mit jener der anderen Reiterstandbilder konkurrieren. Die Seitenwände des Sarkophags zeigen Geschichten aus dem Evangelium. Die weiteren Grabmäler gehören Mastino I. (direkt an der Kirchenmauer), die frei stehenden Alberto I., Mastino I. und nahe der Außenmauer der Umzäunung Bartolomeo I., Cangrande II. und Bartolomeo II.

Das Kirchlein **Santa Maria Antica,** die Familienkirche der Skaliger, ist ein schönes Beispiel für die Romanik. Typisch für Verona ist die Verwendung unterschiedlichen Baumaterials in Streifenform, in diesem Fall Bruchstein und Ziegel. Der Vorgängerbau stammte wohl aus dem 7. Jh. In ihrer heutigen Form wurde die Kirche unter dem Patriarchen von Aquilea, Gotifredo, 1185 erbaut. Die innere Barockisierung fand um 1630 statt, wurde aber Ende des 19. Jh. teilweise rückgängig gemacht. Im dreischiffigen Bau sieht man in der zentralen Apsis noch Fresken aus dem frühen 14. Jh.

› Chiesa di Santa Maria Antica, Via Arche Scaligere, Juni–Sept. Di.–So. 8.30–19.30 Uhr, Mo. 13.45–19.30 Uhr (Kasse schließt jeweils 18.30 Uhr), Eintritt Sammelticket mit Torre dei Lamberti (8) 7 €. Die Skaligergräber sind wegen Renovierung auf unbestimmte Zeit geschlossen.

## (11) Haus der Julia ★★★ [K6]

*Menschentrauben drängen durch den schmalen Torbogen in den Innenhof von Julias Haus. Aus aller Welt kommen junge und alte Pärchen, um sich hier ewige Treue zu schwören, einen Blick auf den kleinen Balkon zu werfen oder sich auf ihm fotografieren zu lassen und Shakespeares „Romeo und Julia" zu gedenken.*

038ve Abb.: sk

Wer von der Via Cappello in den Durchgang zum Hof tritt, ist erst einmal verwundert. **Tausende kleiner Zettelchen** hängen vom Boden bis weit hoch unter die Decke. Wer hier seinen Liebesschwur befestigt hat, wird Zeit seines Lebens seinem Partner und dieser einem selbst treu bleiben – wenn der Schwur denn hängen bleibt und nicht von irgendjemandem abgenommen wird. Deshalb sollte man sich recken und strecken, um den Zettel am höchstmöglichen Platz anzubringen – und dabei keinen anderen Zettel entfernen, auf dass niemanden unsägliches Unglück ereilt!

Zweiter Tipp: Einmal die schon ziemlich angegriffene rechte Brust der Julia berühren – das hilft Liebeserklärungen, die von der Angebeteten bislang unerhört geblieben sind. Die **Bronzefigur der Julia** in dem kleinen Hof wurde vom Bildhauer Nereo Costantini (1905–1969) geschaffen und in den 1970er-Jahren aufgestellt. Der Balkon stammt vom Beginn des 20. Jh.

Weitere Entzauberung: Das Haus kaufte die Kommune 1905 und man erklärte es kurzerhand zu jenem der Familie Capuleti, aus der Julia stammte – einfach weil es in Besitz der Familie Dal Capello stand (dessen Wappen am Torbogen noch zu sehen ist) und dieser Name doch dem der Capuleti so ähnlich sei und weil durch Buchstabenverschiebung es doch gewesen sein könnte, dass ... – so argumentierten zumindest jene Personen, die für den Aufkauf zuständig waren. Eine touristische Sensation war geschaffen und ausgebufftes Marketing tat den Rest.

Unbestritten jedoch ist, dass das Casa di Giulietta aus dem 14. Jh. stammt und **schönste Gotik** vermittelt. Um dem sehnsuchtsvollen Drama Shakespeares den rechten Rahmen zu verschaffen, wandelte man den einstigen Gasthof mit seinen Stallungen in ein Museum um und rekonstruierte auch das Innere nach den Vorstellungen, die Antonio Avena als damaliger Leiter der städtischen Museen von einem Haus aus jener Zeit hatte. Und mag man auch unken, so viel man will, der Platz besitzt heute tatsächlich die **Aura einer unglücklichen Liebesgeschichte.** Jeder kann sich das damalige Leben auf den verwinkelten Etagen, den engen Stiegen und zwischen den hohen Mauern ausmalen. Wenn dann noch eine Schönheit auf den Balkon hinaustritt und den Kameras der unten Wartenden entgegenlächelt, dann ist der Eindruck perfekt.

Im Hauptsaal im ersten Stock ist als einziges Relikt aus der fernen Vergangenheit eine Bordüre zu erahnen, die als Girlande aus Hermelinfellen gemalt wurde. Der Hauptsaal eines gotischen Hauses war Herrenzimmer, Wohnzimmer und immer auch Festsaal, den man für große Ereignisse einfach umdekorieren konnte. Die weiteren Räume, teils mit Keramiken in Vitrinen ausgestattet, waren dem Haushalt und dem Schlafen vorbehalten. In einem steht folgerichtig eine Bettstatt aus der Zeit Julias.

› Casa di Giulietta, Via Cappello 23, Tel. 045 8034303, Di.–So. 8.30–19.30 Uhr, Mo. 13.30–19.30 Uhr (Kasse schließt jeweils 18.45 Uhr), Eintritt 6 € (zusammen mit Tomba di Giulietta 41 7 €), Okt.–Mai jeden 1. So./Monat Eintritt 1 €, Verona Card ist gültig.

## 12 Haus des Romeo ★ [K6]

Das Casa Romeo der Familie Montecchi heißt eigentlich nur für die Touristen so, es ist keinesfalls gesichert, dass der in Liebe sich Verzehrende hier lebte. Unwidersprochen ist jedoch, dass Romeo von hier aus nur

039ve Abb.: sk

## JULIA UND ROMEO

*Wahrscheinlich schrieb Shakespeare das Drama im Jahr 1597 und griff mit ihm eines der beliebtesten Sujets der Weltliteratur auf. Die Familien Montecchi und Capuleti („Montague und Capulet") sind verfeindet. Trotzdem besucht Romeo Montecchi ein Kostümfest von Julias Eltern, den Capuleti, und verliebt sich in die Schöne.*

*Doch Julias Vater hat einen anderen Mann für sie bestimmt. Gegen den Willen ihres Vaters empfängt sie den auf den Balkon gekletterten Romeo. Der Franziskanermönch Lorenzo erhört die Liebesschwüre und traut die beiden, auch weil er sich eine Versöhnung der Familien erhofft.*

*Nun wird plötzlich Romeos bester Freund getötet, Romeo muss diesen rächen und ersticht den Täter. Die Stadtoberen wollen ihn aus Verona verbannen und Julia wird von ihrem Vater erneut die Heirat mit einem anderen angetragen. Lorenzo kennt aber den Ausweg: Um die Hochzeit mit dem Widersacher platzen zu lassen, versetzt er Julia mit einem Trank in Tiefschlaf. Die scheinbar Tote wird in die Gruft gebettet und Lorenzo macht sich auf die Suche nach Romeo, um diesen über seine List aufzuklären. Er findet Romeo jedoch nicht. Dieser aber erfährt vom vermeintlichen Tode Julias, besorgt sich tödliches Gift, eilt zu ihrer Gruft, nimmt in Verzweiflung den Trank zu sich und stirbt. Julia erwacht, sieht den Geliebten tot zu ihren Füssen liegen und stürzt sich in dessen Schwert.*

wenige Schritte zum Balkon der Julia benötigt hätte und dass die alteingesessene und mächtige Familie Montecchi in diesem Viertel einst residierte.

Auch stammt das prächtige Gebäude aus dem 14. Jh. Es heißt offiziell *Casa di Cagnolo Nogarola detto Romeo* und verströmt mit seiner hübsch anzuschauenden gotischen, zinnengekrönten Fassade aus Backsteinen **mittelalterliche Atmosphäre.** So stehen die Besucher aus Übersee also nicht ganz unberechtigt davor und drücken auf die Auslöser ihrer Kameras. Hinein darf man allerdings nicht, denn Romeos Haus befindet sich in Privatbesitz und wird bewohnt.

› Casa di Cagnolo Nogarola detto Romeo, Via delle Arche Scaligere 2–4

### 13 Via Cappello mit Porta Leoni ★★ [K6]

*Die betriebsame Via Cappello ist eine von Touristen kaum frequentierte, aber von Einheimischen geliebte Straße mit Läden, Lokalen und Ausgrabungen. Sie geht über in die Via Leoni und führt die Kirche San Fermo passierend hinüber nach Veronetta.*

Durch die **Porta Leoni** betraten die Reisenden auf der damaligen Via Claudia Augusta aus der Poebene und Bologna kommend die Stadt. Nur noch ein Rest des ehemals Porta San Fermo und auch Arco di Valerio genannten Tores steht. Den heutigen Namen hat ihm der Volksmund gegeben, da an dieser Stelle zwei Löwenskulpturen als Grabbeigabe gefunden wurden. Die Via Cappello wird hier von einer mit einem Geländer

◄ *Shakespeare an den Portoni della Brà*

geschützten Ausgrabungsstelle geteilt, die die Fundamente der Porta Leoni freigeben.

Die Via Cappello bildete in der antiken Stadtanlage den *cardo maximus*, die nordsüdlich verlaufende Achse, die senkrecht zum *decumanus maximus*, der ostwestlich laufenden Achse (heutige Corso Porta Borsari und Corso Sant'Anastasia), stand. Gemeinsam teilten sie die Stadt in regelmäßige Quadrate.

Die Porta Leoni entstand im Zuge der Errichtung des Stadtmauerringes im 1. Jh. v. Chr. Ein Jahrhundert später wurde das ursprüngliche Tor mit einer Umbauung versehen. Diese bestand aus zwei Schauwänden, die einen etwa 20 m tiefen Hof bildeten und je zwei Durchgänge besaßen. Die stadtauswärts gerichtete Schaumauer war mit zwei Wehrtürmen befestigt. Der heute noch sichtbare Rest an der Giebelwand eines Wohngebäudes ist die eine Hälfte der inneren Schauwand. Sie gilt als eines der wichtigen noch erhaltenen Bauwerke aus der Antike Veronas. Die Ausgrabung in der Straßenmitte zeigt Teile des Originalfußbodens und Sockelreste eines der zwei polygonalen Wachtürme.

### 14 Galleria d'Arte moderna ★★ [K5]

*Die städtische Galerie für moderne Kunst besticht durch eine großzügige ständige Ausstellung von Künstlern des 19. und 20. Jahrhunderts. Aber auch die regelmäßig stattfindenden temporären Schauen werden international beachtet.*

Der die Galerie beherbergende **Palazzo Forti** geht auf Strukturen aus dem 13. Jh. zurück, als Ezzelino da Romano die Stadt auf brutale Weise regierte. Heute umfasst der Palast einen Gebäudekomplex aus den verschiedensten Epochen. Im 15. Jh. übernahm die Familie Emilei den Komplex und baute ihn in einen prächtigen Wohnpalast mit Höfen und Gärten um. Im 18. Jh. legte der Architekt Ignazio Pellegrini (1750–1790) Hand an und modifizierte die Anlage erneut, um sie den Bedürfnissen der Emilei anzupassen, die ein offenes Haus pflegten und Größen der damaligen Geistes- und Kulturwelt anzogen. Die heutige Ausdehnung erhielt der Palast unter dem Generalkommando Radetzkys, als die Emilei das Gebäude wegen Geldsorgen an die Österreicher verpachten und schließlich an die Familie Forti verkaufen mussten.

## NOCH EIN LIEBESDRAMA

*Francesco Emilei, Hausherr des Palazzo Forti, war zu Zeiten des Einmarsches von Napoleon einer der Stadtfürsten Veronas und lud den französischen Kaiser in dieser Funktion in sein Haus. Napoleon dankte es ihm nicht, ließ ihn als Aufrührer vor Gericht stellen und zum Tode verurteilen. Francescos Geliebte Silvia Curtoni Verza flehte den Kaiser um Gnade an. Nun wurde in Aussicht gestellt, dass man aus Staatsraison eine Exekution anberaumen müsse, diese aber nicht tatsächlich durchgeführt werden würde. Alle wären zufrieden gewesen, wenn nicht – ja, wenn nicht die vermeintliche Exekution eine vermeintlich vermeintliche gewesen wäre. Francesco war tot und Silvia unternahm daraufhin einen Selbstmordversuch. Aber die Zeit heilt alle Wunden und sie fand mit dem Dichter Ippolito Pindemonte (1753–1828) eine neue Liebe.*

1982 wurden die Tore der Galleria d'Arte moderna geöffnet. Die ständige Ausstellung umfasst **Werke historischer und zeitgenössischer Künstler** der letzten zwei Jahrhunderte. Dazu gehören Francesco Hayez, Cindy Sherman, Guido Trentini, Vanessa Beecroft, Felice Casorati und Giulio Paolini. Ihre Arbeiten wurden vier Themenkreisen – mit besonderem Augenmerk auf den Wandel der Sichtweisen – zugeordnet: Raum, Objekt, Ansicht und Substanz.

› Volto Due Mori 4, Tel. 045 8001903, www.palazzoforti.it, Di.–So. 10.30–19 Uhr (Kasse schließt 18 Uhr), Eintritt 6 €

## NÖRDLICHE ALTSTADT

### 15 Chiesa Sant' Anastasia ★★★ [K5]

*Die größte Kirche Veronas zeigt sich im gotischen Gewand. Ihre Ausstattung besitzt einige Kleinode der Freskenmalerei und kuriose Weihwasserbecken. Das Kirchenportal gehört zu den prächtigsten der Stadt, auch wenn die restliche Fassade unvollendet blieb.*

Die große gotische Kirche wurde von zwei Dominikanermönchen entworfen: Fra Benvenuto von Bologna und Fra Nicolò von Imola. Einst verlief hier die Via Postumia, König Theoderich ließ an dieser Stelle zwei Kirchen errichten, die eine Anastasius, die andere Remigio gewidmet. Im Jahr 1261 beauftragte man die beiden genannten Mönche, sich um die Kirchen zu kümmern. Sie beschlossen schließlich 1290, beide Kirchen durch eine einzige zu ersetzen, die San Pietro Martire gewidmet sein sollte.

040ve Abb.: sk

▶ *Gläubige entzünden Kerzen vor dem Gnadenbild*

Zwei Jahrhunderte sollte es dauern, bis das Gotteshaus wenigstens in Teilen fertiggestellt war – die **Fassade blieb für immer Stückwerk** und wurde nur im unteren Bereich vollendet. 1481 konnte die größte Kirche Veronas eingeweiht werden. Die Veroneser behielten aber den Namen eines der Vorgängerbauten bei und es blieb bei Sant' Anastasia.

Das **zweitorige Portal** wird von schlanken Rippen aus farbigem Marmor flankiert und von einem Spitzbogen bedacht – Anastasia ist ein wunderschönes Beispiel für den gotischen

Baustil italienischer Prägung. Die Reliefs wurden im 14. Jh. gehauen, die zunehmend verwitternden Fresken im 15. Jh. gemalt.

Betritt man die Kirche durch das Hauptportal, wandelt man auf dem Originalboden aus dem Jahr 1462 (von Pietro da Porlezza). Gleich rechts und links an den ersten Säulen ducken sich Zwerge aus Stein und tragen die **Taufbecken** aus rotem Marmor. Im Volksmund heißen diese Gestalten *gobbi* – die „Buckligen". Wandert der Blick hoch zur Decke, erahnt man im Halbdunkel florale Muster an den Gewölben zwischen den Säulen und im Kreuzgewölbe des Hauptschiffs. Zum Altar hin werden die drei Längsschiffe von einem Querschiff gekreuzt, an dessen Ende sich fünf Kapellen öffnen und das nach links um eine weitere Kapelle (Capella Giusti) verlängert wird.

An der Längswand des rechten Schiffs und der Seitenwand des Querschiffs befinden sich **sechs Altäre** und eine Kapelle. Der erste, der Fregoso-Altar, wurde von Danese Cattaneo (1565) nach Plänen von Sanmicheli als Grabmal für den venezianischen Adligen Giano Fregoso geschaffen. Der nächste Altar aus dem Jahr 1482 ist Vincenzo Ferrer gewidmet, die Marmorreliefs hat ein Vetter Sanmichelis – Pietro da Porlezza (1481–1559) – gemeißelt. Es schließt sich der Bevilacqua-Lazise-Altar an, die Grablegung in der Lünette stammt von Liberale da Verona (1455–1526). Das Altarbild am Pindemonte-Altar hat Francesco Caroto (1480–1546) gemalt und zeigt San Martino mit dem Bettler. Der letzte Altar vor dem Querschiff, der Mazzoleni-Altar, ist dem Dominikaner Rosa da Lima gewidmet. Liberale da Verona (1455–1526) malte dafür Maddalena, Santa Catarina und Santa Toscana.

Nun steht man vor der etwas zurückversetzten, erst 1458 angefügten **Kreuzigungskapelle**, am Ort des ältesten Teils der Basilika, denn hier stand einst der Vorgängerbau Sant' Anastasia. Das Bild mit der Kreuzigungsszene wurde in der 1. Hälfte des 15. Jh. auf Holz ausgeführt, das Grabmal aus bemaltem Tuffstein linker Hand für Gianesello da Folgaria soll Bartolomeo Giolfino (1410–1486) erstellt haben. Ein Highlight folgt in der ersten der fünf Kapellen an der Stirnseite, der Cavalli-Kapelle: Altichiero schuf 1375 ein **wunderschönes Fresko** mit San Martino, San Giorgio und San Giacomo, die romantisch und edel als Ritter gekleidet drei Mitglieder der Familie Cavalli der Muttergottes anempfehlen.

Die Pellegrini-Kapelle nebenan ist ungewöhnlich, weil vollständig mit Terrakottafliesen bedeckt. Die Hauptkapelle in der Mitte wurde im letzten Jahrhundert umgebaut, die schmalen Fenster stammen von 1935, der Altar von 1952. Links ist das Grabmal des Skaligerheerführers Cortesia Serego

041ve Abb.: sk

zu sehen (1429), rechts das Fresko „Jüngstes Gericht“ von Turone. Nun betritt man die Cappella Giusti. Hier achte man besonders auf ein **Fresko von Pisanello,** das früher die Cappella Cavalli schmückte: Der „Aufbruch des Heiligen Georg“, als er sich von der Prinzessin verabschiedet, um den Drachen zu treffen und zu töten (1435 fertiggestellt). Bemerkenswert ist die Bildkomposition, die die bürgerliche Welt in Gegensatz stellt zur ungestümen, sündigen Natur.

Verlässt man die Kirche wieder durch das Hauptportal, kann man noch einen Blick in das freskengeschmückte **Kirchlein San Giorgetto,** auch San Pietro Martire genannt, werfen. Die Bemalung geht auf brandenburgische Soldaten zurück, die im Dienste des Skaligerfürsten Cangrande II. standen. Dieser wurde vom Volk so gehasst, dass es ihm den Namen *can rabbiso* („tollwütiger Hund“) verpasste. Die gleicherweise ungeliebten Söldner stifteten für Gesundheit, Reichtum und Ruhm Votivfresken. Auf diese Weise bekam der Heilige Peter dann doch noch an dieser Stelle eine Kirche, so wie es die beiden Dominikanermönche ursprünglich geplant hatten.

EXTRAINFO

**Die älteste weltliche Schule Veronas**

*Direkt hinter der Kirche Sant' Anastasia, an der Via Ponte Pietra, verschandelt ein neoklassizistisches Gebäude aus der Mussolini-Zeit das Stadtbild. Es ist – wie sein Vorgängerbau vom Beginn des 19. Jh. – eine Schule, die von Napoleon Bonaparte gegründet wurde und mithin die älteste Lehranstalt der Stadt ist.*

› Corso Sant'Anastasia, Tel. 045 592813, www.chieseverona.it, tgl. 9–18 Uhr, So. 13–18 Uhr, im Winter Di.–Sa. 10–13 u. 13.30–16 Uhr, So. 13–17 Uhr, Eintritt 2,50 € (Kombiticket mit den Kirchen San Zeno, San Fermo und Duomo 5 €, Verona Card ist gültig)

### 16 Ponte Pietra ★★ [K5]

*Auf der „Steinbrücke“ wandelten bereits die alten Römer auf dem Weg aus der Stadt hinüber zum anderen Ufer, wo sie sich im Römischen Theater der Muse hingaben. Die Geschichte des Übergangs über die Etsch ist bis in die neueste Zeit eine Abfolge von Zerstörung und Wiederaufbau.*

Die einst *pons marmoreus* („Marmorbrücke“) genannte Brücke war neben der zum Ende des ersten Millenniums eingestürzten und nicht mehr errichteten *pons postumia* bei der Kirche Sant'Anastasia 15 **eine der beiden Übergänge des antiken Verona** über die Etsch. Man kann davon ausgehen, dass der Ponte Pietra bereits bei der Stadtgründung 89 v. Chr. als Holzkonstruktion bestanden hat, die das antike Rom im Laufe der Zeit durch eine Steinkonstruktion ersetzen ließ. Zu Beginn des zweiten Millenniums zerstörten Hochwasser mehrfach den Übergang (in den Jahren 1007, 1153, 1232 und 1239) und man baute sie jeweils wieder als Steinbrücke auf.

Nach einer weiteren Zerstörung erhielt Baumeister Fra Giocondo Anfang des 16. Jh. den Auftrag zur

◄ *Votivfresken in San Giorgetto (San Pietro Martire)*

Neuerrichtung und die **fünfbögige Brücke** entstand in etwa in ihrer jetzigen Form. Aus der Antike sind bis heute die beiden aus Naturstein gemauerten Bögen am flussabwärts gesehen linken Ufer zu sehen (mit einem länglichen, an eine Schießscharte erinnernden Durchlass im Pfeiler). Die beiden aus Ziegelstein gebauten mittleren Bögen (mit einem runden Durchlass im mittleren Pfeiler) entstammen dem späteren Mittelalter (1520), den Bogen am rechten Ufer zur Altstadt hin und den Wachturm am Ufer ließ Alberto della Scala 1298 bauen.

1945 sprengten deutsche Soldaten auf ihrem Rückzug die Brücke, nur der rechte Bogen und das Wachhaus blieben stehen. Zwölf Jahre nach Ende des Krieges begann der **Wiederaufbau.** Dieser war nach zwei Jahren unter Verwendung der Originalsteine abgeschlossen und im März 1959 konnte die Brücke dem Verkehr übergeben werden. Am Bau des Ponte Pietra sind also die Veroneser zahlreicher Epochen beteiligt gewesen und die Brücke steht nun als Symbol für die Geschichte der Stadt, von den Anfängen bis in ihre jüngste Zeit.

## 17 Duomo Santa Maria Matricolare ★★ [J5]

*Die Kathedrale am nördlichsten Punkt der Altstadt besticht durch eine stimmige Verbindung von Romanik und Gotik. Im Inneren hat sich Tizian mit seinem einzigen in Verona geschaffenen Werk verewigt.*

Der Dom gehört zu einem größeren Gebäudekomplex mit ehemaligem Kloster, Museum, Bibliothek, zwei weiteren kleinen Kirchen und dem Bischofssitz. Der **kleine Platz vor der Hauptfassade** der Kirche mit der ockerfarbenen Randbebauung wirkt in seiner Unaufdringlichkeit und Ruhe nach den hektischen Hauptgassen wie Balsam für die Seele. Auch am Dom lässt sich das für Verona typische **Streifendekor** erkennen, das durch die abwechselnde Verwendung des Baumaterials entstand, in diesem Fall Tuffstein, Terracotta, weißer und rosa Marmor.

Einst standen hier private Badehäuser der Villen reicher Römer. Im 4. Jh wurde dann eine romanische Basilika errichtet, die Bischof Zeno weihte. Im 7. Jh. zerstörte ein Erdbeben das Gebäude und im 8. Jh. gab Erzdiakon Pazifikus den Auftrag, ein neues Gotteshaus entstehen zu lassen. Es erhielt den Namen **„Mutterkirche“** – Santa Maria Matricolare. Ein weiteres Erdbeben 1117 fügte der Kathedrale schweren Schaden zu. 1139 begann man mit den Reparaturen, die 1187 abgeschlossen waren. Papst Urban III. weihte den Neubau ein.

Zahlreiche Umbauten in der Folgezeit ergeben das heutige Erscheinungsbild der **Fassade** mit dem Vorbau von Nicolò aus zwei übereinander stehenden, von Säulen getragenen Bögen, die unten das Portal, oben die Uhr umrahmen. Die seitlichen Flächen der Frontfassade werden von je einem doppelbögigen, gotischen Fenster gegliedert. Die Gotisierung fand zwischen 1444 und 1535 statt. Beim Umbau von 1587 ließ sich der Auftraggeber, Kardinal Valier, mit seinem Wappen an der Front des Dachaufbaus verewigen. An der Gestaltung des Glockenturmes hat Sanmicheli mitgewirkt, Änderungen am Turm nahm man noch im 20. Jh. vor.

Fünf Längsbögen tragen das Dach der dreischiffigen Kirche auf jeder Seite und ruhen auf Bündelpfeilern. In den Außenwänden der Seitenschiffe sind **reichgeschmückte Kapellen**

042ve Abb.: sk

eingelassen, auf jeder Seite ist je eine Kapelle als Anbau angebracht. Gleich nach Eintritt in die Halle fällt links in der ersten Kapelle (Capella Nichesola) das Altargemälde „Mariä Himmelfahrt – *Assunta*" von **Tizian** (um 1530 entstanden) ins Auge. Voll Dramatik umstehen die Apostel den Sarkophag und bilden das malerische Fundament für die in den sich türmenden Wolken schwebende Muttergottes. Der kniende und betende Apostel rechter Hand vor dem Sarkophag soll den Künstler Sanmicheli darstellen.

Den Altar der zweiten Kapelle rechter Hand schmückt an zentraler Stelle eines der Hauptwerke von Liberale da Verona: die „Anbetung der Hl. Drei Könige". Die nebenstehende Tafel mit der „Beweinung Christi" stammt von Nicholò Giolfino. Die Gewölbefresken der Apsisnische und an der Hauptkapelle auf der rechten Seite (Capella del Sacramento) stammen von Francesco Torbido (1534). An der Apsisseite birgt die Capella Mazzanti den **Sarkophag der hl. Agathe.** Er wurde im Stil der Grabstätten der Skaliger im Jahr 1353 ausgeführt und zeigt das Martyrium der Heiligen, die Bergleute, Hirtinnen, Ammen, Weber und Goldschmiede und vor Brustkrebs, Brusterkrankungen, Fieber, allgemeinem Unglück, Erdbeben und Unwetter schützt. Ihre Reliquien liegen in Catania, doch angeblich einige Teile auch hier im Dom.

Links der Apsis geht es durch eine Tür zur Taufkapelle San Giovanni in Fonte, die man 1123 in romanischem Stil neu aufbaute. Das **achteckige Taufbecken** gilt als Meisterwerk des 13. Jh. und ist aus einem einzigen Marmorblock gehauen. Die Fresken entstammen dem 14. Jh., die Gemälde dem 16. Jh. Ebenfalls hier steht die kleine Hauskirche Sant' Elena. Im 9. Jh. errichtet und 1117 restauriert, zeigt sie sich wie die Taufkapelle in romanischem Gewand.

▲ *Himmelwärtsstrebende Architektur im Duomo*

Nördlich der Kirche liegt der **Kreuzgang**, der nur von außen zu betreten ist. Er entstand zwischen 1117 und 1120 als Karree mit einem doppelgeschossigen Arkadenumlauf, von dem heute nur noch eine Seite zweigeschossig erhalten ist. Die Träger sind zierlich als Doppelsäulen ausgeführt. Hier befindet sich auch der Eingang zum Museo Canonicale (18).

› Piazza Duomo, Tel. 045 8008813, www.chieseverona.it, Mo.–Sa. 10–17.30 Uhr, So. 13.30–17.30 Uhr, im Winter Di.–Sa. 10–13 Uhr und 13.30–16 Uhr, So. 13–17 Uhr, Eintritt 2,50 € (Kombiticket mit den Kirchen San Zeno, San Fermo und Sant'Anastasia 5 €, Verona Card ist gültig)

## (18) Museo Canonicale ★★ [J5]

*Die Kanoniker begannen im 12. Jh. mit der Sammlung von Gemälden, Skulpturen, Münzen, Kirchengeräten und Musikinstrumenten. Schenkungen der Bürger machten die Sammlung immer reicher und heute erhält man einen guten Überblick über das Kunstschaffen der Stadt.*

Das Museum betritt man durch den Kreuzgang des Duomo Santa Maria Matricolare (17). Die Ausstellung verteilt sich über mehrere Ebenen. Neben **Malerei und Skulpturenkunst aus sieben Jahrhunderten** finden sich in ihr auch archäologische Stücke, die man in der Erde des Gebäudekomplexes um den Dom gefunden hat: spätrömische und frühchristliche Gegenstände, gotische Elfenbeinarbeiten, Bronzefiguren und Gläser.

Natürlich ist die Sammlung der bischöflichen Kirchengeräte besonders prächtig. Das Museum gliedert sich in die Ausstellungen Romanik, 14. Jh., Wiedergeburt, Sammlung Trentossi, 16. Jh., 17. Jh., Groteskensammlung, Sammlung Aquile und Romanische Allegorien.

› Piazza Duomo 29, Tel. 045 595627, www.cattedralediverona.it, nur März–Oktober geöffnet, Fr. 10–12.30 Uhr, Sa. 10–13 u. 14.30–18 Uhr, So. 14.30–18 Uhr, Eintritt 2,50 €

## (19) Biblioteca Capitolare ★ [J5]

Die Kapitelbibliothek gilt als die **weltälteste Bibliothek mit einer kontinuierlichen Geschichte** und wurde 517 als *scriptorium* der Kathedrale gegründet, vielleicht aber bereits im 4. Jh. Die Sammlung aus Büchern, Manuskripten, Wiegendrucken, mit Miniaturen versehenen Kodexe, Pergamenten, kostbaren Miniaturen, Einbänden und Musikwerken – insgesamt etwa 75.000 Stück – gilt als einzigartig. Zu den wertvollsten Gegenständen gehören das „Evangelarium Purpureum" aus dem 5. Jh., der „De civitate Dei" von Sant' Agostino, eine Sammlung Choralbücher der Kathedrale mit Miniaturen (darunter von Turone aus dem 14. Jh.) und eine Ausgabe der „Göttlichen Komödie" Dantes mit aquarellierten Holzschnitten aus dem 15. Jh.

Schon Petrarca wurde zwischen den Schränken fündig, als er 1345 Briefe des Philosophen Cicero entdeckte, die ihn in tiefste Depressionen stürzten, weil sich dieser ihm damit nicht mehr als Lichtgestalt, sondern als katastrophaler Politiker darstellte. 1725 wurde anlässlich der Entdeckung der „Institutionen des Gaius" (ein Einführungsbuch für altrömische Rechtsgelehrte) aus dem 6. Jh. der **Lese- und Archivsaal** geschaffen. Die Handschriften waren 1630 bei einer Pestepidemie verschollen und erst 1712 wiedergefunden worden. Im Zweiten Weltkrieg zerstörten Bomben den Lesesaal, er

## UNVERHOFFTER FUND

*Der Gelehrte Francesco Scipio Maffei wollte nicht akzeptieren, dass bestimmte Schriften der Bibliothek unwiederbringlich verschollen sein sollten, und sorgte für eine akribische Suche in den Archiven. Doch nichts wurde gefunden.*

*Ein Kleriker, der mit der Organisation der Bibliothek beauftragt war, suchte schließlich im Jahr 1712 eine Schrift und bemerkte zufällig ein loses Abschlussbrett eines Regals zur Decke hin. Nachdem er eine Leiter geholt und das Brett weggezogen hatte, kamen dahinter kleine, wohlgebundene Pakete hervor. So schnell ihn die Beine trugen, lief er zum Palazzo Maffei und alarmierte den Hausherren. Dieser nahm sich nicht einmal die Zeit, um sich anzukleiden, und lief im Schlafgewand zum Dom, um die heißgesuchten „Institutionen des Gaius" zu begutachten.*

konnte nur teilweise rekonstruiert werden. Ein Blick hinein ist dennoch lohnenswert, denn beeindruckend ist der Saal weiterhin.

› Piazza Duomo 29, Tel. 045 596516, www.cattedralediverona.it, Zutritt nur nach telefonischer Voranmeldung

## ENTLANG DER WESTLICHEN ETSCH

### 20 Museo Miniscalchi-Erizzo ★★ [J5]

*Im Haus der Miniscalchi-Erizzo vom Ende des 15. Jh. darf man nicht nur die Sammlung der Familie bewundern, man erfährt auch einiges über den Lebensstil der Adligen Veronas in einem prächtigen Palast.*

Im Besitz der Stiftung der Familie steht ein ganzer Gebäudekomplex, der aber nur zum kleinsten Teil öffentlich zugänglich ist. Beim **Rundgang** lässt sich erahnen, wie prachtvoll die adlige Familie in dem Palast gelebt hat. Die Fassade mit dem Portal in der Via San Mamaso wurde spätgotisch gestaltet, auffällig sind die beiden doppelbögigen Prachtfenster des *piano nobile* (des Hauptgeschosses) und die Figuren von Mars und Minerva. Von der Via Giuseppe Garibaldi kann man einen Blick durch das Gittertor auf den klassizistischen Gebäudeteil von 1880 werfen, der einen Hof umschließt. Dessen Giebelfeld zeigt das Wappen der Familie.

Betritt man das Museum, dessen Parterre temporären Ausstellungen vorbehalten ist, gelangt man in ein Atrium und zur **eleganten Haupttreppe.** Bevor man hinaufsteigt, sollte noch die fein gearbeitete Holzdecke im hinteren Bereich begutachtet werden, die aus dem 15. Jh. stammt und bei einer Renovierung von einem anderen Gebäudeteil hierher gebracht wurde.

In der ersten Etage ist die **ständige Sammlung** ausgestellt. Unter den Ausstellungsstücken finden sich Bronzen der Renaissance, in den Vitrinen frühvenetische Bronzen aus dem 4.–3. Jh. v. Chr., römische Bronzeminiaturen aus dem 1.–2. Jh. n. Chr. und etruskische Stücke aus dem 5. Jh. v. Chr. Ein kleines Altärchen aus Bernstein aus dem 17. Jh. in der Kapelle gilt als eines der Highlights der Sammlung, die Herkunft aus Danzig oder Königsberg erkennt man an der deutschen Inschrift in der winzigen Gruft über dem Körper Jesu: „und sein Grab wird herrlich sein".

Einer der Vorfahren des Museumsstifters Conte Mario Miniscalchi-Erizzo war der Doge von Venedig,

Francesco Erizzo. Die zweite Linie der Familie kam aus Bergamo, wo sie als Händler vermögend wurden und sich im 19. Jh. mit den Erizzos liierten. Die Stiftungsurkunde aus dem Jahr 1955 besagt, dass das Haus und die Sammlung erzieherischen und kulturellen Zwecken dienen soll.

› Via San Mamaso 2a, Tel. 045 8032484, www.museo-miniscalchi.it, So.–Fr. 11–13 u. 16–19 Uhr, Juni–Sept. nur vormittags, Eintritt 5 €

### 21 Pozzo dell' Armore ★ [J6]

Der **Brunnen** versteckt sich in einem Häuserquartier an der Via Porta Borsai. Man betritt es über den Vicolo San Marco in Foro vorbei an der Enoteca dal Zovo und folgt den Schildern um zwei Ecken. Wer seine **Liebe auf ewig währen lassen** will, hat ein Vorhängeschloss dabei, schließt es auf, hängt es in das schmiedeeiserne Gitter ein, versperrt es wieder und vergisst am besten endgültig, wohin der Schlüssel verlegt wurde. Solange das Schloss hier hängt, solange wird die Liebe fortdauern. Die Gründe, die auch heute noch junge Paare hierher führen, sind aber sehr traurig.

043ve Abb.: sk

Zu Zeiten des österreichischen Kaisers Maximilian gegen Ende des 15. Jahrhunderts kam ein junger Mann, Corrado aus dem Städtchen San Bonifacio, im Gefolge des Monarchen nach Verona. Hübsch war er, wohlgewachsen, von edlem Geblüt und ein tapferer Soldat. Als er durch die Gassen Veronas wandelte, erblickte er ein wunderschönes Mädchen namens Isabella und verfiel ihr für immer. Isabella jedoch wollte nichts von ihm wissen, wich ihm aus, wann immer sie sich begegneten, ja machte sich in Gesprächen mit ihren Freundinnen lustig über ihn – so wie junge Damen eben auch heute noch kokettieren.

Wieder einmal wollte es der Zufall, dass sie aufeinandertrafen – im kleinen Innenhof von San Marco stand Corrado an den Brunnen gelehnt und stellte Isabella endlich zur Rede. Kalt sei sie wie Eis, drang es aus seinem mutlosen Munde, kalt wie das Wasser im Brunnen. Frostig kroch die Februarluft durch die Gassen, doch das Mädchen lachte mit ihren Freundinnen und sprach, dass er es doch ausprobieren solle. Springe er in den Brunnen, würde er schon merken, was ihm das Herz mehr zusammenzöge, das Wasser oder ihre Ablehnung.

In seiner Verzweiflung sah Corrado keinen anderen Weg mehr, als aus dem Leben zu scheiden, und warf sich in den Brunnen. Wie vor den Kopf geschlagen standen die jungen Mädchen da und wussten weder ein noch aus. Isabella aber, nunmehr ebenso verzweifelt, wie Corrado es gewesen war, sah für sich keine Ausflucht mehr. Die Folgen des herben Spaßes, den sie auf Kosten des Verliebten gemacht hatte, drückten nun ihr das Herz ab. Sie vereinte sich mit

Corrado, indem sie ebenfalls in den Brunnen sprang. Seitdem nähert sich keiner dieser Stelle, ohne an die **unglückliche Liebe zweier junger Menschen** zu denken, die es nicht schafften, im Leben zueinander zu finden.

## 22 Porta Borsari und Corso Cavour ★ [J6]

Von der **Porta Borsari** aus dem 1. Jh. – südwestlicher Eingang zur römischen Stadt – sind nur noch Fragmente erhalten. Das Stadttor hieß ursprünglich Porta Iovia, da sich in unmittelbarer Nähe ein Jupitertempel befand. Der Name „Borsari" entstand im Mittelalter, da hier die *bursarii* (= Zöllner, nach ihrem Geldbeutel benannt) bei Stadtein- und -austritt eine Steuer auf die mitgebrachten Waren verhängten. Der heute zu sehende Rest der Porta Iovia war die stadtauswärts gerichtete Fassade. Das Tor war wie die Porta Leoni 13 als kleiner Festungsbau konzipiert mit zwei Schauseiten und Wachtürmen, die einen Hof umschlossen.

Interessant ist die Fassade der gleichnamigen Bar nebenan mit Hochwasserzeichen. Nach Norden erstreckt sich die Via Porto Borsari, wo sich die Läden bekannter Modemarken zusammenballen. Hier fallen im Bodenpflaster riesige, schneckenartig geformte Einschlüsse auf – allesamt Zeugen dafür, dass Norditalien einst vom Meer bedeckt war. Südlich verläuft der **Corso Cavour** und hier schreitet man auf einer **2000 Jahre alten Straße.** Der römische Konsul Spurius Postumius Albinus befahl 148 v. Chr. ihren Bau und sie sollte schließlich über 450 km Genua über Verona mit Aquilea bei Triest verbinden. Ihren antiken Namen, Via Postumia, erhielt sie nach dem Initiator des Straßenbaus. Auf der heutigen Prachtstraße mit zahlreichen Palazzi gilt es, „Großes" – wie das Gebäude im Liberty- bzw. Jugendstil (Via Cavour 43, heute Sitz der Trattoria dei Gavi) –, aber auch „Kleinigkeiten" zu entdecken.

Betrachtet man den Sandstein des **Palazzo Bevilacqua** (Corso Cavour 19, heute ein Gymnasium) genauer, sieht man unzählige Muscheleinschlüsse. Diese Art „Tuffstein" wurde in der Umgebung Veronas abgebaut und war ein kostengünstiges Baumaterial. Der Palast entstand unter Sanmicheli um 1530 und zeigt zahlreiche Details wie die Büsten römischer Kaiser.

An den Portalen der Paläste sind immer wieder **Ritzungen** zu sehen. So auch am Palazzo mit der Hausnummer 9, wo das Jahr 1567 mit dem **damaligen Wasserstand** in etwa in Kopfhöhe verewigt ist. Warum man so nahe am Wasser baute, könnte man fragen, wenn man die zahlreichen Überschwemmungen des Stadtgebiets in Stein verewigt vor sich sieht. Es war nicht nur die Sicherheit der Flussschleife, die die Verteidigungsrichtung auf den Südwesten beschränkte. Verona war berühmt – und reich geworden – mit seinen Wolltüchern. Und zu deren Produktion war eine Unmenge an Wasser notwendig.

Der **Arco dei Gavi**, im 1. Jh. n. Chr. zu Ehren der Veroneser Familie Gavi errichtet, befindet sich kurz vor dem Castelvecchio 24 und gibt den Blick auf die Etsch frei. Ursprünglich stand der Ehrenbogen inmitten der Via

◀ *Die Porta Borsari wurde von den Römern errichtet*

EXTRATIPP

**Speisen in einer Kirche**

*An der Gasse östlich der Porta Borsari blickt man auf die Fassade einer säkularisierten Kirche (San Matteo), heute das beliebte Restaurant San Matteo Church (s. S. 30).*

Postumia. Die Franzosen rissen ihn jedoch 1805 ab, um den Verkehrsfluss zu verbessern. Die Reste wurden 1932 in den Gewölben der Arena 2 wiederentdeckt und zur Rekonstruktion am heutigen Standort verwendet.

## 23 Chiesa San Lorenzo ★ [I6]

Die Kirche von San Lorenzo ist wegen der vorgebauten Wohnhäuser vom Corso Cavour aus nicht zu sehen. Man betritt den Kirchhof durch einen kleinen spätgotischen, figurgekrönten Torbogen und steht nach wenigen Schritten vor dem seitlich angebrachten Portal mit einem Baldachin. Dem Stil nach ist das Gotteshaus eine **romanische Emporenbasilika.** Sie entstand 1110 und wurde bereits sieben Jahre später durch ein Erdbeben stark zerstört.

Beim Neuaufbau stockte man das dreischiffige Gebäude auf, errichtete das Querschiff, Emporen und die beiden zylinderförmigen Türme, die wie auch die Kirche die **typische streifenförmige Mehrfarbigkeit** durch den Einsatz unterschiedlichen Baumaterials erhielten. Die erste Bauphase dokumentiert sich heute noch im unteren Mauerbereich mit fischgrätförmig angebrachten Flusskieselsteinen, Tuffstein und Terrakotta, während bei der zweiten Phase nur Tuffstein und Terrakotta verwendet wurden. Beweis für die Nutzung der Arena als Steinbruch für den Kirchenbau ist das Fundament des linken Turmes, dessen Steinsockel aus weißem Marmor mit einem eingehauenen Dekorband aus der Spielstätte stammt.

Wie die Fassaden zeigt sich auch das Innere in materialabhängiger Zweifarbigkeit. Jedes Schiff besitzt eine Apsis, das Querschiff hat an den Stirnseiten (Längsrichtung) ebenfalls je eine Apsis. Die **Apsiden sind einzigartig** für Norditalien, da sie alle in einer Achse ausgerichtet sind und damit dem Bauplan der Abtei von Cluny in Frankreich folgen. Der Holzdachstuhl ersetzte das ursprüngliche von den Kreuzpfeilern und Säulen im Wechsel getragene Tonnengewölbe, das im Zweiten Weltkrieg zerstört wurde. Der Hauptaltar entstammt dem 18. Jh., die Altartafel „Madonna mit dem Kind im Glanze" malte Domenico Brusarzio 1562. Girolamo

044ve Abb.: sk

Benaglio schuf das Gemälde des hölzernen Renaissancealtars in der rechten Apsis Mitte des 15. Jh.

› Via Cavour 28, Tel. 045 8001879, unregelmäßig geöffnet

## 24 Castelvecchio ★★★ [I7]

*Mächtig und abweisend gibt sich die Burganlage am Ufer der Etsch aus dem 14. Jh. Die Skaliger ließen sie als Verteidigungswerk nach außen und als Zwingburg gegen die Bewohner der Stadt errichten. Das Museum in ihrem Inneren gehört zu den bedeutenden Kunststätten Europas.*

Die **zinnenbekrönte Umfassungsmauer** aus Ziegeln verbindet sechs bedachte Verteidigungstürme und umschließt die Höfe mit den Gebäuden und dem Hauptturm Mastio. Ursprünglich war die Anlage noch durch einen tiefen Graben geschützt, in dem das Wasser eines Seitenarmes der Etsch, des Adigetto (= Kleine Etsch), floss. Dieser Burggraben ist nur noch teilweise erhalten. Der Komplex wurde vom Skaliger Cangrande II. in Auftrag gegeben, nachdem es ihm wegen seiner Unbeliebtheit bei der Bevölkerung zu unsicher geworden war, in seinem Stadtpalast an der Piazza dei Signori 9 zu residieren. (Sein Halbbruder Fregnano hatte gerade eine Revolte gegen ihn angeführt, die aber niedergeschlagen werden konnte.) Fertiggestellt wurde die Burg unter Cansignorio, die Baumaßnahmen leitete Guglielmo Bevilacqua.

In ihrer Geschichte sah die Feste Venezianer, Napoleon (der im Inneren ein heute nicht mehr existentes Fort errichten ließ und Umbauten vornahm) und die Österreicher. Ab 1923 wandelte man die Burg zum Museum und baute die Veränderungen, die unter der französischen Herrschaft vorgenommen worden waren, wieder zurück (unter anderem mussten die Zinnen wieder angefügt werden) und gab der Anlage so ihr mittelalterliches Gesicht. 1925 konnte das Museum eröffnet werden.

Der begrünte Haupthof ist heute mit Hecken und kleinen Brunnen geschmückt. Natursteinplatten bedecken die Wege, auf denen man zum Eingang des **Museo Civico d'Arte** im ehemaligen Wohnpalast der Skaliger gelangt. Ab 1958 begann nach den Vorgaben des Architekten Carlo Scarpa (1906–1978) eine erneute Restaurierung, welche die Ausstellungsräume nach sechsjähriger Bauzeit in ihrer heutigen Form hinterließ. Besonderes Augenmerk wurde dabei

045ve Abb.: sk

▲ *Die zinnenbekrönten Mauern des Castelvecchio*

◄ *Eingang zur Kirche von San Lorenzo*

046ve Abb.: sk

auf die **Präsentation der Kunstwerke** und die strikte Trennung und Kenntlichmachung von historischer Bausubstanz und modernen Baumaterialien wie Stahl und Beton gelegt. So wandelt man durch die Säle und entlang der Gänge in einem hochmodernen Gebäude, kann aber an jeder Stelle die mittelalterliche Atmosphäre erfahren.

Die Säle im Erdgeschoss sind der **Skulpturkunst** vorbehalten. Die **Figuren, Reliefs und Sarkophage** stammen aus den Anfängen des zweiten Millenniums. Besondere Aufmerksamkeit verdient im 1. Saal der Sarkophag der heiligen Sergius und Bacchus aus dem Jahr 1179, an dem unter anderem zwei Bogenschützen einen Adler erlegen. Im 2. Saal sind Statuen aus dem 14. Jahrhundert arrangiert, die der namentlich nicht bekannte „Meister von Sant'Anastasia" geschaffen hat. Im **Waffensaal** stammen die Schwerter und Hellebarden aus dem 14.–18. Jahrhundert.

Eines der bekanntesten **Gemälde** des Museums ist das Kinderbildnis von Franceso Caroto (1480–1555). Es zeigt einen Jungen, der dem Betrachter eine kindliche Strichzeichnung entgegenhält. Im 10. Saal sollte man den Flügelaltar von Turone di Maxio (~1356–1387) beachten, in Saal 11 sind Bilder von Pisanello („Madonna mit der Wachtel"), Jacopo Bellini („Madonna der Demut") und Stefano di Verona („Jungfrau mit dem Knaben") ausgestellt. In Saal 14 zeigt Andrea Mantegnas beeindruckendes Bild „Die Heilige Familie mit der hl. Julia" in den ausdrucksstarken Gesichtern die Leiden der Flucht.

Wenn man sich ernsthaft auf eine Betrachtung einlässt, lässt die Vielzahl an Kunstwerken die Stunden schnell vergehen. Manchen mag die **Fülle der Exponate** geradezu erschlagen und vielleicht ist es deshalb besser, nicht am Stück durch das Museum zu gehen, sondern auf zwei Besuche verteilt die Kunst aus einem Jahrtausend zu entdecken.

› **Museo Civico d'Arte,** Castelvecchio, Corso Castelvecchio 2, Tel. 045 8062611, www.comune.verona.it/Castelvecchio/cvsito, Di.–So. 8.30–19.30 Uhr, Mo. 13.30–19.30 Uhr, Kassenschluss 18.30 Uhr, Eintritt 6 € (Verona Card ist gültig)

◄ *Die Skulpturensammlung im Museum des Castelvecchio*

### 25 Ponte Scaligero ★★ [H6]

*Die Brücke wurde zeitgleich mit dem Castelvecchio von den Skaligern im 14. Jh. errichtet. Sie hatte nur einen Zweck: Fluchtroute für die Skaliger im Falle eines Falles.*

Mit drei Bögen überspannt die Brücke die hier 120 m breite Etsch. Wegen des realtiv starken Gefälles und der höheren Fließgeschwindigkeit an dieser Stelle des Flusses war die für damalige Zeit **beeindruckend große Spannweite der Einzelbögen** möglich, da die Etsch hier keine Ablagerungen oder Aushöhlungen verursachte und die Fundamente massiger gestaltet werden konnten. Als Baumaterial wurde bei den Fundamenten und Bogenrücken Naturstein verwendet, den man mit Ziegeln übermauerte.

Keiner durfte den Ponte Scaligero betreten außer den Skaligern selbst. Sie war tatsächlich **nur zu Fluchtzwecken gebaut** worden, wenn es in der Stadt wieder unruhig wurde und die Bürger gegen das verhasste Regime der Skaliger aufstehen wollten. In diesem Fall konnten die Mitglieder der Adelsfamilie über die Brücke ans andere Ufer und das Etschtal hinauf fliehen. Aus diesem Grunde ist sie auch als Verteidigungswerk mit Zinnen konzipiert. Ironie der Geschichte: Die Skaliger wurden nicht von den Einwohnern Veronas, die sie so sehr fürchteten, gelyncht, sondern brachten sich schließlich gegenseitig um.

Am Ende des Zweiten Weltkrieges verminten deutsche Soldaten auf dem Rückzug die Brücke und sprengten sie anschließend. Die **Rekonstruktion** fand bis 1951 unter Verwendung der im Flussbett verbliebenen Originalmaterialien statt. Heute ist die Brücke für den Autoverkehr gesperrt.

## IM WESTEN DER ALTSTADT

*Quert man die Etsch über die Brücke Ponte Scaligero, passiert man das Arsenale Austriaco, die ehemalige Artilleriekaserne, die in naher Zukunft saniert werden soll. Hier fließt wieder der Autoverkehr. Über die Brücke Ponte Risorgimento [G5] erreicht man das südliche Ufer mit breiten Avenuen und einem modernen Straßenbild. Erst bei der Piazza San Zeno [F/G6] kann man sich wieder in Gassen verlieren.*

### 26 Arsenale Austriaco ★ [H6]

Wechselt man über den Ponte Scaligero 25 auf die westliche Uferseite, gelangt man zur Piazza Sacco e Vanzetti und zum dortigen großflächigen Arsenale, das aus habsburgischer Zeit stammt und die letzten Jahrzehnte vernachlässigt wurde. Aus diesem Grund zeigt es sich heute recht heruntergekommen. Doch in nicht allzu ferner Zukunft soll ihm wieder Leben eingehaucht, Teile davon zu einem Museum erklärt und weitere Gebäudeabschnitte von der Stiftung Arena **zu einem Kulturzentrum ausgebaut werden.**

Das Arsenal Franz Josefs I. geht auf den Feldmarschall Radetzky zurück

EXTRATIPP

**Pause für Kinder**

*Derzeit gibt es (noch) nur einen Grund das Arsenale zu besuchen – der **Kinderspielplatz,** wo die Kleinen sich auf dem eingefriedeten Rasen richtig austoben und die bei den Museumsbesuchen aufgestauten Energien loswerden können. Ein Kiosk verkauft Erfrischungen und Eis.*

und wurde zwischen 1854 und 1861 vom Militäringenieur Oberstleutnant Conrad Petrasch errichtet. Es misst etwa 400 m mal 175 m, bedeckt eine Fläche von 7 ha und **wirkt wie eine kleine Stadt** mit Plätzen, Höfen und Straßen. Es war Lager und Kaserne, Sitz der Kommandantur, Artillerieschule und besaß Werkstätten und Ställe – alles, was eine funktionierende Garnisonsstadt eben benötigte.

## 27 Basilica di San Zeno ★★★ [G6]

*Die Kirche gilt als eine der schönsten Basiliken aus romanischer Zeit in ganz Italien. Breit und wuchtig erhebt sie sich auf dem weiten, gepflasterten Platz. Geweiht ist sie San Zeno (vom Griechischen abgeleitet: „Geschenk des Zeus"), dem Schutzheiligen der Stadt.*

Die Basilika entstand nach der Zerstörung des Vorgängerbaus eines Klosters der Benediktiner durch ein Erdbeben. Bis auf das 4. Jh. n. Chr. geht die wechselvolle Geschichte des Klosters zurück, dessen Gotteshaus ab 807 auch als Grabstätte des achten Bischofs von Verona und Namensgebers San Zeno diente. Zu Beginn des 9. Jh. wurden auf Geheiß des zweiten Sohnes Karls des Großen

047ve Abb.: sk

und Königs von Italien, Pippin, Kirche und Kloster erweitert.

Gleich zu Beginn fällt die **abwechslungsreiche Fassadengestaltung** auf, die durch die Verwendung zweier Steinarten entstand: behauener Travertin und gebrannte Ziegel. Zurückzuführen ist dies auf die Verwendung von Backsteinen während der ersten Bauphase ab 1117. Bei Baufortschritt wechselte man immer stärker hin zum Travertin, der erst im Wechsel mit Ziegeln, dann – wie an einer Seitenwand zu sehen – alleine verwendet wurde. 1138 war die Kirche fertig. Umbauten fanden zwischen 1217 und 1225 statt, wobei die Fassade die heute zu sehende Rosette erhielt. Der Glockenturm wurde 1178 fertiggestellt. 1770 verfügte Venedig die Säkularisierung des Klosters, die Kirche wurde zur Pfarrkirche umgewidmet, wenngleich der Titel des Abtes erhalten blieb.

Das **Bronzeportal** aus einzelnen Platten auf einem hölzernen Träger verdient besonderes Augenmerk. Es stammt in Teilen von der Türe aus dem Jahr 1130, die in die heutigen, etwa 50 Jahre jüngeren Türflügel übernommen wurden. Die 48 Platten zeigen biblische Geschichten von der Erschaffung Evas bis zur Enthauptung Johannes des Täufers oder die Himmelfahrt Christi und Bilder, die San Zeno selbst zum Thema haben. Sie folgen nicht der Chronologie. Auffällig ist der unterschiedliche Stil der alten und neueren Bronzearbeiten: Während die ersteren in gröberer Ausarbeitung sich noch aufs Wesentliche beschränken, zeigen die jüngeren Platten schon eine verfeinerte Ausführung mit perspektivischer Wirkung.

Über dem Tor und unter dem herausragenden Vordach ist **San Zeno**

048ve Abb.: sk

zu sehen, zu seiner Linken Fußsoldaten, zur Rechten Reiter – San Zeno überreicht dem Volke die Standarte Veronas. Unter dieser allegorischen Darstellung von Volksnähe, die darauf anspielt, dass Verona 1136 eine freie Kommune wurde, sind Szenen aus dem Leben des Heiligen dargestellt. Die seitlich des Portals angeordneten **18 Flachreliefs** beziehen sich auf Altes und Neues Testament und auf das Leben des Ostgotenkönigs Theoderich, beispielsweise sein „Duell mit Odoaker" und „Die Jagd". Der links der Kirche angebaute **Kreuzgang** wird von Doppelsäulen getragen, die teils in Rundbögen, teils in Spitzbögen auslaufen. Er wurde mehrfach umgebaut und erweitert (1123, 1293, 1313 und 1400). Auf

▲ *Krypta und Hochkirche von San Zeno*

◀ *Kreuzgang von San Zeno*

einer Seite des Kreuzgangs ragt ein kleiner Nischenaufbau mit zierlichen Säulen und wuchtigen Pfeilern in die Rasenfläche.

Betritt man die Kirche (über den Kreuzgang), gelangt man in den dreischiffigen Hauptbau, die ehemalige Volkskirche. In Richtung Nordosten die Kreuz- und Rundpfeiler entlang blickt man auf Hochkirche und Chor und in die Krypta hinein, die auf einer die ganze Breite des Langschiffs einnehmenden Treppe erreichbar ist. Der Aufgang wurde erst nach der Zerstörung der ursprünglichen Treppe 1871 konzipiert. Zuvor führte sie hinauf zur Hochkirche. Die heutige, so **monumental wirkende Sicht auf Chor und Krypta** war also ursprünglich gar nicht beabsichtigt gewesen.

Linker und rechter Hand des Haupteingangs befinden sich **zwei Taufbecken**, das östliche, marmorne wurde von Brioloto geschaffen, das westliche aus Sandstein stammt aus dem 2. Jh. und stand einst in einem römischen Badehaus. Das Freskenfragment des „Letzten Abendmahles" hinter Briolotos Werk wurde um 1400 aufgebracht.

Der Renaissancealtar im östlichen Seitenschiff ist ein Werk des beginnenden 16. Jh. Das Hauptbild zeigt Maria mit dem Kinde zwischen den Heiligen Anna, Zeno, Sebastian und Christoph, gemalt von Francesco Torbido. Die Allegorien am Giebel soll Battista del Moro geschaffen haben. Vor dem nächstliegenden Altar fallen an der Wand Fresken aus dem 12. Jh. auf: Darunter die „Weiße Madonna" aus der Schule Giottos und der „Heilige Christophorus" – Schutzpatron der Reisenden. Für den Altar benutzte man als Fundament **Reste eines romanischen Portals** mit einem Löwen und einem Stier. Die folgenden

Fresken sind aus dem 14. Jh. und anonymer Herkunft. Auf ihnen sind u. a. „St. Georg und die Prinzessin“ und die „Auferstehung des Lazarus“ zu sehen.

In der gotischen Hauptkapelle von Giovanni und Nicolò da Ferrara (1398) steht der **Hochaltar mit einem dreiteiligen Altarbild** von Andrea Mantegna (1459). Es zeigt „Die Erhabenheit der Jungfrau“ und gilt als eines der Meisterwerke norditalienischer Renaissancemalerei. Die Bilder im unteren Teil hingegen sind nur noch Kopien – Napoleon gefielen diese so gut, dass er sie gleich mitnehmen ließ. Heute sind sie teilweise im Louvre zu besichtigen.

In der Apsis links hinter dem Hochaltar lächelt der Heilige Zeno seit dem 13. Jh. in Marmor. Da er in Afrika geboren worden sein soll, ist er traditionsgemäß aus schwarzem Stein gehauen. Das vielleicht **bedeutendste Fresko** der Kirche ist an der nordwestlichen Wand zu sehen: „Die Kreuzigung“, wahrscheinlich von Altichiero, einem Schüler Giottos, in der zweiten Hälfte des 14. Jh. geschaffen.

Die Brüstung über der Treppe in die **Krypta** stellt „Christus mit den zwölf Aposteln“ dar. Die Krypta selbst trägt die Hochkirche auf 48 Säulen, an ihrem hinteren Ende finden sich in einer Urne in der Apsis die sterblichen Überreste von San Zeno.

› Piazza San Zeno, Tel. 045 592813, www.chieseverona.it, Mo.–Sa. 9–18 Uhr, So. 13–18 Uhr, im Winter Di.–Sa. 10–13 und 13.30–16 Uhr, So. 13–17 Uhr, Eintritt 2,50 € (Kombiticket mit den Kirchen Sant'Anastasia, San Fermo und Duomo 5 €, Verona Card ist gültig), Anfahrt mit Bus Nr. 33 vom Castelvecchio (Haltestelle Via Porta San Zeno 25), am Sonntag Bus Nr. 93 vom Bahnhof (Haltestelle Via da Vico 14)

## 28 Convento di San Bernardino ★ [G7]

Den Komplex des Convento di San Bernardino betritt man durch eine kleine Pforte von der Südseite her, ansonsten zeigt sich die **Klosterstadt** durch eine hohe Mauer rundum sehr unzugänglich und uneinsehbar gestaltet. Der weite, mit Fresken geschmückte, zypressenbestandene Kreuzgang gibt den Blick auf die Fassade der Kirche frei. Der größte Teil des Gebäudekomplexes entstand im Jahre 1451 in zweijähriger Bauzeit als Kloster der Franziskaner in gemischtem Stil. Das Renaissanceportal schmückt eine gotische Fassade, die drei Skulpturen zeigen die heiligen Bonaventura, Bernhard und Antonius.

Nach dem Eintritt in die Klosterkirche gelangt man in das holzgedeckte Hauptschiff, an das nachträglich das **rechte Nebenschiff mit mehreren Kapellen** angefügt wurde. Die Kapelle des hl. Franziskus direkt beim Eingang ist mit Fresken von Nicolò Giolfino geschmückt, die Szenen aus dem Leben des Heiligen zeigen. Man achte insbesondere auf das Gemälde „Franziskus bei der Rückgabe seiner Kleider an den Vater“. In dessen Hintergrund breitet sich das Stadtpanorama von Verona mit dem Ponte Pietra 16 und dem Kastell San Pietro 33 aus.

Die **reich dekorierte Capella Pellegrini** in Höhe des Presbyteriums ist als Rundbau ausgeführt und geht auf Pläne von Sanmicheli zurück. Beachtenswert ist auch die Orgel aus dem Jahr 1481 an der linken Seite des Hauptschiffes und die ebenfalls aus dem 15. Jh. stammende Kanzel mit Baldachin, die das Wappen der Stifterfamilie Rossi trägt. Die Flügel der Orgel bemalte Domenico Morone

mit den Bildern „St. Franziskus mit den Stigmen" und „St. Bernhard mit dem Monogramm Christi". In dem anschließenden **Bibliothekssaal Sala Morone** (Zugang erfragen!) sind weitere Fresken von Domenico Morone zu sehen, besonders bemerkenswert ist hier das Bild „Jungfrau auf dem Throne und die Heiligen".

› Piazza San Francesco, April–Sept. 8–12.30 u. 15.30–19.30 Uhr, Okt.–März 8–12.30 u. 15–20 Uhr, Eintritt frei

## 29 Parco della Mura ★ [G8]

Der Parco della Mura wird von den meisten Touristen übersehen, denn nahezu jeder Besucher der Stadt will vom Bahnhof [G9] kommend möglichst schnell zur Altstadt vordringen. Dabei markiert der Park mit seinen Bastionen und den beiden Toren die **Stadtmauer des mittelalterlichen Verona.** Der östliche Baluardo dei Reformatori [H9] stammt von 1835, ein Jahr später wurde der westliche Baluardo di Santo Spirito [G8] fertiggestellt. Die österreichischen Befestigungswerke, die in Richtung Bahnhof ausgerichtet sind, zeigen sich mächtig und eindrucksvoll.

Im Osten öffnete sich die Stadt mit der **Porta Nuova** [I9] (erbaut 1533–1540) dem Umland, im Westen gab die **Porta Palio** [G8] (1546/47 entstanden) Sicherheit. Einige Spazierwege führen durch den Park, man wird hier aber nur wenigen Müßiggängern begegnen.

▲ *Kreuzgang von San Bernardino*

# ENTLANG DER ÖSTLICHEN ETSCH

*Am östlichen Arm der Etsch locken beidseitig des Ufers Kirchen, altrömische Stätten, Ausblicke auf Verona, Museen, Veronetta, das Universitätsviertel, und geschwungene Straßen zwischen hohen Mauern, die in die Hügel führen.*

## RUND UM DAS TEATRO ROMANO

### 30 Chiesa San Stefano ★ [K4]

Unscheinbar zeigt sich die leicht zurückgesetzte romanische Kirche an der stark befahrenen Uferstraße entlang der Etsch. Im 2. Jh. stand hier ein Isis und Serapis gewidmeter Tempel, der im 4. Jh. durch ein Oratorium ersetzt wurde. Dieses zerstörte wiederum der ostgotische Herrscher Theoderich, der selbst eine neue Kirche errichten ließ. Bis ins 8. Jh. hinein fungierte die Kirche wahrscheinlich als **Kathedrale von Verona**, sie verfiel aber zusehends und wurde aufgegeben. Das Erdbeben von 1117 tat das Seinige.

Im 12. Jh. fand ein **vollständiger Umbau** statt: Man schuf im Stil der damaligen Zeit eine streifige Fassade aus Ziegeln und Tuffstein und überbaute die Kirche mit einem (für Verona unüblichen) achteckigen Turm über der Vierung. Die Apsis kam im 14. Jh. hinzu, im 17. Jh. fand die Barockisierung des Innenraums statt.

▶ *Oberhalb des Teatro Romano befindet sich das Museo Archeologico*

Die Kapelle gleich hinter dem Eingang rechter Hand *(Cappella degli Innocenti)* zeigt das Gemälde „Fünf Veroneser Bischöfe" von Marcantonio Bassetti, deren Reliquien hier auch verwahrt werden. Das erhöhte Presbyterium besitzt einen **Bischofsstuhl** aus dem 8. Jh. – ein Hinweis auf die Nutzung des Gotteshauses als Kathedrale.

› Piazzetta San Stefano, tgl. 8–12 u. 16–18 Uhr, Di. nachmittags geschlossen

### 31 Bosco delle Fiabe und Casa dei Sogni ★ [K1]

Das Spielzeugmuseum „La Casa dei Sogni" und der „Bosco delle Fiabe" (Fabelwald) befinden sich in den Hügeln nördlich von Verona und sind etwa 3 km von dem Ponte Pietra 16 entfernt. Die Anfahrt mit dem Bus ist leider nur teilweise möglich (Haltestelle an der Via Donati, Linie 41, So. Linie 95), ein 500 m langer Fußmarsch bergan ist nicht immer eine positive Angelegenheit für die kleineren Besucher. Es empfiehlt sich in diesem Fall ein eigener Wagen oder ein Taxi: Man nimmt die Via Marsala [K4] an dem Ponte Pietra nach Norden, biegt nach einem guten Kilometer nach links in die Via dei Colli und nach einem weiteren Kilometer nach rechts in die Via Donati. (Von dort sind es noch etwa 600 m.)

Im **Spielzeugmuseum** (100 m oberhalb des Fabelwaldes) ist eine **Vielzahl an Puppen** jeder nur erdenklichen Art und Spielzeug wie Modelleisenbahnen zu sehen.

Im **Fabelwald**, den man auf mehreren thematisch geordneten Touren erkunden kann, finden sich Figuren aus den bekannten Märchen. Nicht nur die Erzählungen werden den Kleinen und Großen nahegebracht, auch die Natur wird erklärt. Die **Rundgänge** tragen Titel wie die „Bremer Stadtmusikanten", der „Wolf in der Fabel", „Peter Pan", „Hänsel und Gretel" und „Minotaurus". Die Spielgelegenheiten sind zahlreich. Viele Veroneser Familien kommen mit Picknickkörben hierhin, um den ganzen Tag in dem verwunschenen Park zu verbringen.

› **Bosco delle Fiabe/Casa dei Sogni,** Via Carlo Donati N13/bis, Tel. 045 8309066, www.ilmuseodelgiocattolo.it, Sa./So. 14–19 Uhr, Eintritt Museum 4 €, Fabelwald Sa. 3 €, So. 5 €, Sammelticket Sa. 6 €, So. 7 €

050ve Abb.: sk

## 32 Teatro Romano und Museo Archeologico ★★★ [K5]

*Die Sitzreihen des Römischen Theaters ziehen sich einen Hang gegenüber der Altstadt hinauf und erlauben einen tollen Blick auf deren Dächer und Türme. Weiter oben ist in den Gebäuden des Konvents von San Gerolamo ein Museum mit vorzüglich arrangierten archäologischen Fundstücken untergebracht.*

Das Theater wurde Ende des 1. Jh. n. Chr. erbaut und lag über Jahrhunderte in einem Dornröschenschlaf. Im frühen Mittelalter nutzte man das Areal als Steinbruch und überbaute es mit einer Kirche und Wohnhütten. 1834 begannen die Ausgrabungen, heute sieht man noch **25 Reihen der halbrunden unteren Tribüne.** Vom oberen Tribünenteil mit zwölf Sitzreihen und der mehrstöckigen Frontmauer des Theaters ist nichts mehr erhalten. Nur oberhalb der heutigen Marmorabtreppung ist noch eine Loggia zu sehen, die das Theater nach oben hin abschloss.

Die gesamte Anlage war **einst 150 m lang** und (wie bei römischen Theatern üblich) **mit Figuren geschmückt.** Zu erahnen sind noch die prächtigen seitlichen Abschlussbauten mit den Theatereingängen. Der Osteingang lag etwa in Höhe der antiken (nicht mehr erhaltenen) Brücke Postumia, zum Westeingang fluteten die Besucher über den Ponte Pietra 16. Das Römische Theater betritt man durch das Kassenhäuschen des ehemaligen Osteingangs. Setzt man sich auf die Stufen, geht der Blick in den Orchestergraben und auf die Bühne. Im östlichen Bereich ist zwischen den Zypressen als einziger Rest der mittelalterlichen Überbauung noch die Kirche SS. Siro e Libera erhalten, die aus dem 10. Jh. stammt, aber mehrfach umgebaut wurde. Die Treppenanlage wurde im Barock angefügt.

Über mehrere Treppen gelangt man zum Eingang des **Archäologischen Museums.** (Wer die Treppen nicht

051ve Abb.: sk

EXTRATIPP

**Weitsicht auch am Werktag**

*Die Terrassen oberhalb des Konvents sind nur am Sonntag für die Öffentlichkeit zugänglich. Wer die herrliche Weitsicht auch werktags genießen will, muss um das Theater außen herum gehen und zum Castel San Pietro* **33** *aufsteigen.*

hochsteigen kann oder will, dem steht ein Aufzug zur Verfügung.) Es befindet sich in den Gebäuden des Konvents, in dem sich christliche Baukunst mit der Kunst der alten Römer ein Stelldichein gibt. Nach Verlassen des Aufzugs gelangt man in den ersten Ausstellungssaal. Besonderes Augenmerk sollte man den **Bodenmosaiken** zuteil werden lassen, die aus einer Villa aus dem 3. Jh. stammen.

In den Mönchszellen sind **etruskische und römische Bronzen** ausgestellt. Das Bronzebildnis eines alten Mannes entstand um Christi Geburt und wurde durch Zufall im Flussbett der Etsch gefunden. Das Refektorium war früher mit Fresken ausgemalt, von denen nur noch Reste zu sehen sind. Hier sind besonders die **Skulpturen** sehenswert. Die Aphrodite fand man am Domplatz, sie ist eine Kopie eines Werkes des berühmtesten griechischen Bildhauers der Antike, Phidias.

Der Kreuzgang aus dem 15. Jh. beherbergt **Mosaiken und Grabstelen** vom 1. Jh. v. Chr. bis zum 3. Jh. n. Chr. Hier lässt sich ausgezeichnet die Bildsprache der Römer studieren. Auf einer Stele sieht man beispielsweise einen Jüngling mit einer umgedrehten Fackel. Seine Aufgabe war es, die Toten ins Jenseits zu begleiten, die in die Erde gesteckte Fackel symbolisiert hierbei das erlöschende Leben. Eine andere Stele zeigt Delfine, die die Seelen der Verstorbenen auf ihrer Reise übers Meer eskortieren.

Die angeschlossene Kapelle wurde 1508 von Caroto mit Fresken ausgestattet. Tritt man nun aus der Kapelle auf die große Terrasse, genießt man einen **herrlichen Blick über die Etsch und Verona.** Unter den Römern war hier ein Nymphäum (= Brunnentempel) in den Hang gegraben, die Jesuiten bauten stattdessen eine Zisterne und errichteten auf ihr den zweiten Kreuzgang des Konvents, der nur noch in wenigen Teilen erhalten geblieben ist.

▲ *Im archäologischen Museum*

► *Veroneser Perspektiven: Die Etsch prägt das Bild der Altstadt*

› **Teatro Romano/Museo Archeologico,** Rigaste Redentore 2, Tel. 045 8000360, Di.-So. 8.30-19.30 Uhr, Mo. 13.30-19.30 Uhr (Kassenschluss 18.30 Uhr), Eintritt 4,50 €, Okt.-Mai jeden 1. So./Monat Eintritt 1 € (Verona Card ist gültig)
› **Karten für Estate Teatrale Veronese:** Palazzo Barbieri, Angolo Via Leoncino 61, www.estateteatraleveronese.it, Tel. 045 8066485 (siehe „Zur richtigen Zeit am richtigen Ort")

## 33 Castel San Pietro ★ [L5]

Zahlreiche Stufen führen gleich links neben dem Römischen Theater hinauf zum Castel San Pietro, einer **Kaserne aus österreichischer Zeit.** Dem genaueren Betrachter fallen hier die unüblichen, fünfeckig behauenen Steine auf. Das Habsburger Militär forderte von seinen Baumeistern, dass mindestens 90 % der verwendeten Steine auf diese Weise bearbeitet sein mussten, da damit eine höhere Stabilität der Festungswerke bei Beschuss garantiert war. Von den Terrassen der Anlage hat man **einen der schönsten Blicke auf die Stadt und die Umgebung.**

Von hier blickt man auf das nördliche Ufer der Etsch und sieht Geschichte. Bei der Kirche San Giorgio (hinter dem Convento San Stefano) geben sich Bauwerke aus drei Epochen ein Stelldichein: Westlich der Kirche sind die weißen Steine einer österreichischen Befestigung zu sehen, die östlich liegende Wehranlage ist venezianischen Ursprungs und diese geht schließlich nach Osten und die Hügel hochlaufend in eine mittelalterliche Wehrmauer über.

Schon seit Jahren wird das Kastell renoviert, doch die Bauzäune künden nicht von einem Ende der Arbeiten. Irgendwann zieht vielleicht ein Museum ein, unwahrscheinlich aber ist es, dass die Standseilbahn, die einst das Ufer der Etsch mit dem Kastell verband, wieder zum Leben erweckt wird. An sie bleibt als einzige Erinnerung die schiefe Ebene, die wie eine Schneise von Weitem erkennbar ist.

EXTRATIPP

**Freundinnen**

*Läuft man vom Castel di San Pietro abwärts die Via Fontana di Sopra zwischen den mit Kapernbüschen bewachsenen Mauern, passiert man eine* ***Jugendherberge*** *(s. S. 116) inmitten eines Klosterkomplexes. Der zur Herberge gehörende Park ist wunderschön und lädt die Gäste zum Verweilen und Entspannen ein.*

*Hier lebte lange Jahre eine Adlige mit ihrer Bediensteten. Als die Contessa verstarb, vermachte sie den Besitz ihrer einzigen Angestellten, die ihr auch Freundin geworden war. Weitere 30 Jahre gingen ins Land, in denen die ehemalige Dienerin ganz alleine den Palazzo bewohnte, zunehmend schrullig wurde und nach und nach im Winter die Möbel verbrannte, um die großen Räume zu heizen. Mit ihrem Tod gelangte der Palast in den Besitz des Klosters.*

052ve Abb.: sk

## 34 Museo Africano ★ [L5]

Das Afrikamuseum befindet sich im Komplex der *Missionari Comboniani.* Ein Saal ist der ständigen Sammlung vorbehalten, ein anderer beherbergt temporäre Ausstellungen. Das Museum soll das **Leben in Afrika im Kontext der drei Dimensionen des Lebenskreises** zeigen: die horizontale (Einbindung in das Leben mit seinen Mitmenschen), die vertikale (Bindung an ein höheres Wesen) und die zirkulare (Teil des endlosen Kosmos).

Die Sammlung wurde von den Missionarinnen und Missionaren zusammengetragen. Die Mission geht auf Daniel Comboni (geb. 1831 in Limone/Gardasee, gest. 1881) zurück, der seine Ideen in drei Grundsätzen zusammenfasste:

- Die Mission in Afrika darf nicht Sache von Nationen oder von einzelnen Orden sein, sondern muss von der ganzen Kirche getragen werden.
- In Afrika muss das Evangelium von Afrikanern verkündet werden, europäische Missionare sollen dazu nur Hilfestellung geben.
- Die Mission muss eine ganzheitliche Evangelisierung darstellen und menschliche Förderung und Befreiung aus jeder Art von Sklaverei einschließen.

Gerade die erste Forderung, die Konkurrenz bei der Missionierung zu beenden, wurde nie verwirklicht. Am Lungoadige Re Teodorico gegenüber der Kirche Santa Maria in Organo befindet sich in einem kleinen Park das Denkmal für den Missionar, der aus weißem Marmor geschaffen zwei schwarze Kinder in den Armen hält.

- Vicolo Pozzo 1, Tel. 045 8092199, Di.-Sa. 9-12.30 u. 14.30-17.30 Uhr, So. 14-18 Uhr (Juli u. Aug. So. geschlossen), Eintritt 3 € (Verona Card ist gültig)

## 35 San Giovanni in Valle ★ [L5]

Die romanische Kirche besticht durch ihre **einfache Eleganz** sowohl außen als auch innen. Entstanden ist San Giovanni im 6. Jahrhundert Das Erdbeben von 1117 verwüstete den Bau und man begann die (1167 abgeschlossene) Neuerrichtung. Bombardierungen 1945 machten eine Rekonstruierung erforderlich und man baute die Veränderungen des Mittelalters zurück. Heute zeigt sich die Kirche weitestgehend **im ursprünglichen Gewand** und dazu gehört auch, dass sie nicht aus unterschiedlichen Materialien, sondern nur aus Ziegeln besteht.

Über dem Eingang ist das Gemälde „Madonna und Heilige" von Stefano da Verona zu sehen, das Portal mit dem Vorbau stammt aus dem 15. Jh., der Glockenturm aus dem 18. Jh. Vom Eingang steigt man in die Kirche hinab, nur 5 m breit ist das Hauptschiff, die beiden Nebenschiffe messen gar nur 3,50 m – bei einer Länge von 21,50 m eine **verblüffende Schlankheit**, die das Stimmungsvolle des Betsaales noch unterstützt. Die Decke ruht auf einem Dachstuhl und wird von Säulen und Pfeilern getragen, jedes der drei Schiffe besitzt eine Apsis.

In der ebenfalls dreischiffigen **Krypta**, die im Prinzip der ursprünglichen Kirche aus dem 6. Jahrhundert entspricht, stehen zwei Sarkophage, der

KLEINE PAUSE

**Ruheplatz für Familien**

*Gegenüber der Kirche San Giovanni in Valle verbirgt sich hinter einer Mauer ein* ***Garten mit öffentlichem Spielplatz*** *– eine gute Möglichkeit für Familien, eine Rast einzulegen.*

linke aus dem 4. Jahrhundert, der rechte ist wahrscheinlich noch älteren Datums, jeweils mit Anfügungen aus der Mitte des zweiten Millenniums.

› Via San Giovanni in Valle, Mo.-Sa. 9-11.30 Uhr

## VERONETTA

*Das „kleine Verona" nannten die Bewohner der Altstadt den Stadtteil jenseits der Etsch und wollten sich damit von dem zu Beginn des 19. Jahrhunderts ausgebauten Viertel abgrenzen. Heute eilen Studenten durch die Gassen zu den Brücken und zurück und die Wohnungen sind durchaus begehrt.*

### 36 Chiesa Santa Maria in Organo ★ [L5]

Die für den Orden der (zu den Benediktinern gehörenden) Olivetanern errichtete Kirche aus dem 15. Jahrhundert bezeichnen die Einheimischen wegen der **reichen und wunderschönen Gemälde** auch als **„ihre" Freskengalerie.** Das von Sanmicheli entworfene, vorgeblendete Portal aus drei Marmorbögen erinnert an einen römischen Triumphbogen und trägt die innere Kirchstruktur als dreischiffigen Bau nach außen.

Die **herrlichen Holzeinlegearbeiten** in der Sakristei und am Chorgestühl wurden von Fra Giovanni da Verona geschaffen und gelten als einzigartig. Das im Stil der Renaissance ausgeschmückte Innere zeigt im Mittelschiff Fresken mit Abbildungen aus dem Alten Testament von Giolfino und Caroto. Auch die Gemälde im Presbyterium sind beachtenswert: Das Altarbild schuf Guercino 1639, an der linken Rückwand malte Luca Giordano den „Seligen Bernardo Tolomei". In der Sakristei zeigen Fresken der Brüder Morone Darstellungen von Päpsten und Benediktinern.

› Via Santa Maria in Organo, Tel. 045 591440, Sa.-Do. 15-18 Uhr, im Juli meist geschlossen

### 37 Giardini Giusti ★★★ [L6]

*Eines der Highlights von Veronetta sind die Gärten der Giusti. Hinter der Fassade eines Palazzo verbergen*

## AUS GOETHES „ITALIENISCHER REISE"

*„ … Aber merkwürdig war mir's, dass heute früh, da sie mit Blumen, Gemüse, Knoblauch und so vielen anderen Markterzeugnissen durcheinander liefen, ihnen der Zypressenzweig nicht entging, den ich in der Hand trug. Einige grüne Zapfen hingen daran und daneben hielt ich blühende Kapernzweige. Sie sahen alle, groß und klein, mir auf die Finger und schienen wunderliche Gedanken zu haben.*

*Diese Zweige bracht ich aus dem Garten Giusti, der eine treffliche Lage und ungeheure Zypressen hat, die alle pfriemenartig in die Luft stehen. Wahrscheinlich sind die spitz zugeschnittenen Taxus der nordischen Gartenkunst Nachahmungen dieses herrlichen Naturproduktes. Ein Baum, dessen Zweige von unten bis oben, die ältesten wie die jüngsten, gen Himmel streben, der seine dreihundert Jahre dauert, ist wohl der Verehrung wert. Der Zeit nach, da der Garten angelegt worden, haben diese schon ein so hohes Alter erreicht."*

*Johann Wolfgang von Goethe am 17. September 1786 in Verona*

*sich die in Privatbesitz stehenden, aber der Öffentlichkeit gegen einen Obolus zugänglichen Gärten mit hohen Zypressen, Marmorstatuen, Rasen und Springbrunnen. Bänke laden zum Verweilen ein.*

Die großen Zypressen hat Goethe bereits auf seiner Italienreise beschrieben (siehe „Aus Goethes ‚Italienischer Reise'"). Die **grüne Oase** ist nicht nur für Erwachsene eine Erholung an heißen Tagen. Auch Kinder danken es, wenn Kulturerlebnisse in Museen und Kirchen durch einen Entspannungsaufenthalt aufgelockert werden.

Entstanden ist der Garten um das Jahr 1570 durch die aus Florenz stammenden Giusti, die sich in Verona die prächtige Anlage errichten ließen. Im 19. Jh. wandelte die Familie den Park in einen **Englischen Garten** um. Dem Zweiten Weltkrieg sind viele der uralten Zypressen zum Opfer gefallen, was eine umfassende Neuanpflanzung notwendig machte.

Heute zeigt sich der Garten im Bild des 19. Jahrhunderts mit der Zypressenallee, die hochweist zu einer überdimensionalen Maskenskulptur über einer künstlichen Tropfsteinhöhle. In früheren Zeiten, wenn ein Fest gegeben wurde, entströmten dem Maul der Fratze Feuerzungen. Terrassen erweitern den Blick auf Park und Palazzo über die ganze Stadt. Der **kleine Irrgarten** zählt zu den ältesten in Europa.

› Via Giardino Giusti 2, Tel. 045 8034029, täglich April–Sept. 9–20 Uhr, Okt.–März 9–17 Uhr, Eintritt 6 €

▶ *Kunstvolle Fresken schmücken die Kirche San Fermo Maggiore*

## 38 Chiesa San Tomaso Cantuariense ★ [L6]

Die Kirche hatte einst einen berühmten Organisten, wenn auch nur besuchsweise: Der **13-jährige Mozart gab in ihr ein Orgelkonzert** und hinterließ seine Initialen „WSM" (= Wolfgang Salisburgensis Mozart) im Holz des Gestühls. Von außen sind diese nicht zu sehen und leider ist der Arbeitsplatz des Organisten der Öffentlichkeit nicht zugänglich. So muss das Wissen darum genügen, wenn man in Fortführung der Tradition eines der Orgelkonzerte besucht. Die Pfarrei kümmert sich sehr engagiert um ihre Schäflein, von denen nicht wenige aus Afrika kommen. Kinder müssen nicht streng geordnet in den Bänken sitzen, sondern dürfen sich auf kleinen Stühlen rund um eigens für sie aufgestellte Tische gruppieren.

Die Kirche geht auf zwei beieinander stehende Vorgängerbauten zurück, die eine 1316 (dem Bischof Thomas Becket von Canterbury geweiht), die andere 1351 als Verkündigungskirche errichtet. 1484 begann der Bau des heutigen Gotteshauses und man verwendete Teile der alten Gebäude weiter, z. B. das Seitenportal. 1504 weihte man die Kirche, fünfzig Jahre später baute man sie bereits wieder um.

Der dafür zuständige und in der Kirche bestattete Sanmicheli (1484–1559) entwarf auch die Chorwand, die ihm zum Triumphbogen geriet. Je vier Seitenaltäre strukturieren die Längswände und entstammen dem Barock, ihre Umrahmungen aber sind noch aus der Zeit der Ersterbauung. Der dritte Altar auf der rechten Seite sticht wegen seines farbigen Marmors hervor, der vierte zeigt ein Bild von Girolamo dai Libri (1474–1555): „Sebastian, Rochus und Hiob". Der **Grabstein**

053ve Abb.: sk

**Sanmichelis** findet sich gleich rechts neben dem Eingang, die Grabstelle liegt vor dem zweiten Altar rechts.

› Lungoadige Re Teodorico/Ponte Navi, Tel. 045 8030356, tgl. 8–12 u. 15.30–18 Uhr

## 39 Palazzo Pompei mit Museo di Storia Naturale ★ [L7]

*Das Museum hat unzählige Versteinerungen in seinem Besitz: Fische, Quallen, Muscheln und Pflanzen berichten so von der Jahrmillionen entfernten Vergangenheit. Zahlreiche ausgestopfte Tiere bringen nicht nur Kindern die Vielfalt der Fauna aus der ganzen Welt nahe.*

Die Sammlung ist im Palazzo Lavezzola-Pompei aus dem 16. Jh. untergebracht, den Sanmicheli erbaute. Wer sein Bad neu belegen will, wird erstaunt sein über die zahlreichen Farbschattierungen, zu denen der Veroneser Marmor fähig ist. Die ausgestellten Fossilien stammen aus den Lessiner Bergen gleich nördlich Veronas.

Für Kinder aber sicherlich interessanter sind die **ausgestopften Körper aller nur erdenklichen Tierarten.** Neben vielen Vögeln mag der ausgestorbene Dodo als Anschauungsmaterial für die menschliche Tätigkeit an der Natur dienen – der letzte Dodo soll von einem spanischen Conquistador 1681 erschlagen worden sein. Lustig sieht das Erdferkel aus, bedrohlich die Raubkatzen. Auch wer sich für Schmetterlinge interessiert, wird auf seine Kosten kommen und das eine oder andere seltene Exemplar in den Schaukästen entdecken. Zwei Millionen Stücke zählt der Fundus des Hauses, nur ein geringer Teil davon kann entsprechend ausgestellt werden.

› Lungoadige Porta Vittoria 9, www.museostorianaturaleverona.it, Tel. 045 8079400, Mo.–Do. 9–17 Uhr, Sa./So. 14–18 Uhr, Eintritt 4,50 €, Okt.–Mai jeden 1. So./Monat Eintritt 1 €, Verona Card ist gültig.

## 40 Chiesa San Fermo Maggiore ★★ [K7]

*Dieses wunderschöne Beispiel für den Veroneser Sakralbau stammt aus dem 11. Jahrhundert Die Doppelkirche enthält zahlreiche Fresken aus dem 13., 14. und 15. Jahrhundert und ein beeindruckendes Grabmonument.*

Die Geschichte des Gotteshauses geht auf das 5. Jahrhundert zurück, als für die Märtyrer San Fermo und San Rustico ein Grabmal errichtet wurde. Noch heute birgt der Hauptaltar ihre Reliquien. Sie sind die einzigen **Märtyrer Veronas** und fanden 361 den Tod. Ihre sterblichen Reste kamen zu Missionszwecken nach Afrika und später nach Koper im heutigen Slowenien. Erst 755 kaufte man sie zurück und bettete sie unter den Altar der Kirche.

Durch Überschwemmungen der Etsch hatte sich das Niveau der ursprünglichen Basilika abgesenkt und Benediktinermönche begannen 1065 mit einem **Neubau unter Verwendung der alten Kirche**, die als Unterkirche in ihrer ursprünglichen Form erhalten blieb. 1138 war der Bau abgeschlossen, 100 Jahre später gelangte das Kloster in die Hände der Franziskaner, die die dreischiffige Oberkirche in eine einschiffige Hallenkirche wandelten.

Die **Hauptfassade** zeigt sich durch die Verwendung von Natur- und Kunststein in wechselnden Lagen in typischer Zweifarbigkeit. Links des Portales befindet sich das Grabmal für den Leibarzt der Skaliger, Aventino Fracastoro (gest. 1368). Betritt man San Fermo durch das Nebenportal, fällt als erstes die wertvolle Holzdecke ins Auge. Das breite Schiff mit den **zahlreichen Skulpturwerken und Fresken** strahlt Würde aus. Die beiden Kreuzigungsgemälde verdienen besondere Beachtung: Jenes im Bogenfeld über dem Hauptportal stammt von Turone, das andere über dem Nebeneingang aus der Schule Altichieris. Direkt gegenüber dem Nebenportal sieht man ein Freskenfragment von Stefano da Verona: Engel, die Spruchbänder halten.

In der rechten hinteren Ecke der Kirche ist das wichtigste Kunstwerk zu sehen, das **Grabmonument** für Nicolò Brenzoni von Nanni di Bartolo und Pisanello, die als Bildhauer und Maler eine **perfekte Symbiose von Skultptur und Gemälde** schufen. Zwei Putten öffnen einen Baldachin, Christus aufersteht über dem Grabmal, Grabwächter ruhen unterhalb.

In die **Unterkirche** gelangt man über eine Treppe rechts vom Hauptaltar. Die „Kirche unter der Kirche" hat als Besonderheit weitere tragende Säulen im Mittelschiff, sodass sie als vierschiffiger Bau wirkt, der durch die Säulen und Pfeiler in quadratische Abschnitte aufgeteilt wird. Die Fresken an Wänden und Pfeilern stammen aus dem 13. und 14. Jahrhundert.

› Stradale San Fermo, Tel. 045 592813, www.chieseverona.it, Mo.-Sa. 10–18 Uhr, So. 13–18 Uhr, im Winter Di.-Sa. 10–13 u. 13.30–16 Uhr, So. 13.30–17 Uhr, Eintritt 2,50 € (Kombiticket mit den Kirchen Sant'Anastasia, San Zeno und Duomo 5 €, Verona Card ist gültig)

► *„Der Sarkophag" der unglücklichen Julia ist zwar ein PR-Gag, aber auch ein Publikumsmagnet*

## AUF DEM WEG ZUR PIAZZA BRÀ

### 41 Grab der Julia und Freskenmuseum ★★ [K8]

*Wem das Haus der Julia recht war, dem ist ihr Grabmal billig. Andere sollten aber nicht enttäuscht sein – das angeschlossene Freskenmuseum ist allemal einen Besuch wert.*

Der Abteikomplex San Francesco al Corso am Ufer der Etsch geht auf das 13. Jahrhundert zurück. Hier soll Bruder Lorenzo Julia und Romeo getraut und hier sollen die beiden im heute in den Gewölben zu findenden Sarkophag eine vorübergehende Ruhestätte gefunden haben. Steigt man die Treppen hinab, werden viele vom Anblick enttäuscht sein: Ein **an eine Tränke erinnernder, ausgehöhlter Stein** ist mit welken Blumensträußlein geschmückt.

Die **Sage** will, dass man die Leichname von Julia und Romeo hierher brachte. Die venezianische Stadtverwaltung aber habe entschieden, dass Selbstmördern kein Publikum zu verschaffen sei, und ließ die Gebeine und den Deckel des Sarges an geheime Plätze verbringen. Dennoch kamen die Verehrer des Liebespaares weiter zur Grabstätte, nahmen gar Splitter des Sarkophages mit und ließen sich wie Marie-Luise von Österreich, Gattin Napoleon Bonapartes, Schmuck daraus arbeiten.

Ursprünglich stand der Sarkophag in einem Hof des Klosters, erst 1937 brachte man ihn an seinen heutigen Platz. Auslöser war die ein Jahr vorher aufgeführte Hollywoodverfilmung des Stoffes mit Norma Shearer und Leslie Howard in den Hauptrollen. Im Film wurde die Sterbeszene in einem Gewölbe abgedreht. Der geschäftstüchtige Leiter der Veroneser

054ve Abb.: sk

## EINE GESCHICHTE MIT GESCHICHTE

*Es war ein Soldat, der die Geschichte das erste Mal niederschrieb. Luigi da Porto lauschte im 15. Jh. am Lagerfeuer der Erzählung eines einfachen Bogenschützen, der die unglückliche Liebe schilderte, und schrieb sie auf. Erst nach Portos Tod wurde das Werk veröffentlicht (1531).*

*Der Novellenschreiber Matteo Bandello trug die Geschichte weiter und schließlich landete sie auf dem Pult von Shakespeare, der sie 1596 zum weltberühmten Drama und Synonym für tragische Liebesaffären machte.*

055ve Abb.: sk

Museen, Antonio Avena, erwartete einen großen Publikumserfolg und im Folgenden die Anreise zahlungskräftiger US-Amerikaner. Gesagt, getan: Der Sarkophag kam in den Keller und man behielt recht. Es ist sogar möglich, sich beim Grab der Julia trauen zu lassen.

Nicht aus der Fantasiewelt ist das **Museo degli Affreschi G. B. Cavalcaselle.** Es wurde 1975 eröffnet und zeigt **Fresken aus den Palazzi Veronas** aus dem 16. und 18. Jh. Sie wurden aus Privathäusern ins Museum gebracht, um sie der Öffentlichkeit zugänglich zu machen bzw. als konservatorische Maßnahme, weil sie an ihrem ursprünglichen Ort gefährdet waren. Im Kellerbreich sind Amphoren aus altrömischer Zeit untergebracht (die man in einem gesunkenen Lastkahn gefunden hat), im Hof stehen Skulpturen moderner Bildhauerkunst.

› **Tomba di Giulietta e Museo degli Affreschi,** Via del Pontiere 35, Tel. 045 8000361, Di.-So. 8.30-19.30 Uhr, Mo. 13.45-19.30 Uhr (Kassenschluss 18.30 Uhr), Eintritt 4,50 €, Okt.-Mai jeden 1. So./Monat Eintritt 1 € (Verona Card ist gültig)

## 42 Museo della Radio d'epoca ★ [J8]

In der Ingenieurschule „Galileo Ferraris" ist eine **sehenswerte Funktechniksammlung** untergebracht. Sie geht auf eine Privatsammlung zurück, die der Stadt gestiftet wurde, und reicht von einfachen Telegrafen über erste Radios bis hin zu modernen Funkgeräten. Die über 700 Teile des Museums stammen aus aller Herren Länder.

Die Ausstellung vermittelt einen **guten Überblick über die technische Entwicklung** von überdimensionalen Konstruktionen mit offen liegenden Röhren, Drähten und Spulen bis hin zu modernster Miniaturtechnik. Auch das Design vergangener Epochen lebt wieder auf, von Empfängern mit fast kathedraler Wirkung hin zum klassischen Stil der 1950er-Jahre. Einige Geräte wurden mit Figuren lebensecht gestaltet, so sieht man beispielsweise einen Soldaten beim Funken oder eine Familie beim Radiohören.

› Via del Pontiere 40, Tel. 045 595855, www.museodellaradio.com, Mo.-Fr. 9-18 Uhr, in den Schulferien geschlossen, Eintritt frei

◄ *Nymphe im Freskenmuseum*

# PRAKTISCHE REISETIPPS A–Z

005ve Abb.: sk

# ANREISE

## MIT DEM FLUGZEUG

Der **Flughafen „Aeroporto Catullo Verona-Villafranca“** liegt 12 km südwestlich des Zentrums und ist mit einem **Shuttlebus** mit dem Zentrum Veronas verbunden (APTV, Tel. 045 8057911, www.aptv.it, Haltestelle am Hauptbahnhof, Fahrten alle 20 Minuten zwischen ca. 6 Uhr und 23 Uhr, einfache Fahrt 4,50 €).

**Direktflüge** kommen aus Berlin (Air Italy, easyJet, Germania), Frankfurt (Lufthansa), Köln (Germanwings), München (Lufthansa) und Wien (Air Dolomiti). Bestimmte Kontingente an Sitzplätzen werden zu sehr günstigen Tarifen vertrieben (mit Einschränkungen bei der Umbuchung und bei Storno), diese sind aber für die Hochsaison schnell ausgebucht.

Wenn man den Trip nach Verona mit einer anderen überaus sehenswerten Stadt verbinden möchte oder keinen (günstigen) Direktflug nach Verona bekommt: TuiFly fliegt im Sommer von Köln, Münster, Hannover, Hamburg und Stuttgart den **Flughafen von Venedig** an. Lufthansa fliegt von Frankfurt nach Venedig, easyJet im Sommer von Berlin aus. Die Swiss fliegt von Zürich, Austrian Airlines von Wien nach Venedig. Für 3 € kommt man von dort mit dem Flughafenbus mehrmals in der Stunde (6–23 Uhr) zum Bahnhof Venezia Mestre, von dort fahren stündlich Züge nach Verona ab (Fahrzeit: knapp 90 Min.).

- **Air Dolomiti,** Aeroporto Verona-Villafranca, www.airdolomiti.it, Tel. 045 2886140

► *Vom Bahnhof Veronas kommt man schnell zu Fuß in die Altstadt*

- **Air Italy,** Callcenter Tel. 89950093 (nur aus Italien), aus dem Ausland 0039 35623645300, www.airitaly.it
- **Austrian,** Callcenter Tel. 0517661001, www.aua.com
- **easyJet,** Deutschland Tel. 01805029292, Österreich Tel. 0900454664, Schweiz Tel. 0900000176, Italien Tel. 899678990, www.easyjet.com
- **Germania,** Callcenter 01805737100, www.flygermania.de
- **Germanwings,** Callcenter 09001919100, www.germanwings.de
- **Lufthansa,** Milano, Via Larga 23, Tel. 199400044, www.lufthansa.de
- **Swiss,** Callcenter Tel. 0848700700, www.swiss.com
- **Tuifly,** Deutschland Tel. 01805757510, Österreich 0820820033, Schweiz 0848000271, www.tuifly.com

## MIT DEM AUTO

Verona **liegt direkt an den Autobahnen** A22 von Innsbruck über den Brenner nach Süden und A4 von Mailand nach Venedig. Die Entfernung München – Verona beträgt 430 km, die durchschnittliche Fahrzeit etwa vier Stunden. Die **Mautgebühr** („Pickerl“) in Österreich schlägt für zehn Tage mit 7,70 € zu Buche, zusätzlich fallen 8 € für die Brennerstrecke an. In Italien beträgt die Autobahngebühr etwa 15 €.

An Wochenenden und **bei Beginn und Ende der Ferienzeiten** ist die Autobahn zwischen Innsbruck und Verona **chronisch überlastet.** (Ein Ausweichen auf die Landstraße bringt meist nichts.) In Österreich muss auch tagsüber sowohl inner- als auch außerorts das **Abblendlicht** eingeschaltet sein, in Italien gilt dies auf Autobahnen. Das Tragen einer Warnweste bei Verlassen des Fahrzeuges bei einer

Panne außerorts ist sowohl in Österreich als auch in Italien Pflicht.

Auf Österreichs Autobahnen gilt ein **Tempolimit** von 130 km/h, auf der Brennerautobahn zwischen 22 und 5 Uhr von 110 km/h. In Italien gilt außerorts eine Geschwindigkeitsbeschrankung von 90 km/h, auf Schnellstraßen von 110 km/h, auf Autobahnen von 130 km/h (150 km/h auf dreispurigen Autobahnen, wenn dies entsprechend ausgeschildert ist). Bei Regen darf auf allen Autobahnen maximal 110 km/h, auf Schnellstraßen höchstens 90 km/h gefahren werden.

### MIT DEM ZUG

Der Bahnhof von Verona [G9] **liegt an der wichtigsten Nord-Süd-Achse** des Schienenverkehrs von Nordeuropa nach Süditalien. Von München benötigen Intercity- und Eurocity-Züge 5 Std. 30 Min., sie fahren von 7.30 Uhr bis 17.30 Uhr direkt im Zweistundentakt und sind alle reservierungspflichtig. Eine Hin- und Rückfahrt kostet im Normaltarif etwa 150 €, für Besitzer einer Bahncard 50 werden Spartarife ab etwa 70 € angeboten.

- Bahnhof – Stazione FFSS [G9], Verona Porta Nuvoa, Piazza XXV Aprile, Tel. 045 8093827, www.ferroviedellostato.it
- Zugauskunft Deutschland: www.bahn.de

056ve Abb.: sk

## AUTOFAHREN

### ALLGEMEINE SITUATION

Autofahren in Verona ist wegen der limitierten Parkplätze (siehe unten) und der guten Erreichbarkeit der Sehenswürdigkeiten zu Fuß nicht anzuraten. Wer mit dem Fahrzeug anreist, sollte es nach Gepäckabgabe im Hotel baldmöglichst in einem der Parkhäuser abstellen (Zufahrt in die Altstadt für die Gepäckaufgabe: Mo.–Fr. 10–13.30 u. 16–18 Uhr, Sa.–So. 10–13.30 Uhr).

Wer Ausflüge beispielsweise an den Gardasee unternehmen will und per Flugzeug oder Zug angereist ist, kann sich einen **Mietwagen** besorgen:

- **Acirent,** Viale Valverde 34, Tel. 045 8031487, Fax 045 8012418, www.acirent.it
- **Europcar,** Piazza Simoni 33a, Tel. 045 9273161, Fax 045 8067993
- **Hertz** (Best Travel), Corso Porta Nuova 1, Tel. 045 8000832
- **Maggiore,** Stazione F. S. Porta Nuova, Tel. 045 8032184, Fax 045 8004808, www.maggiore.it
- **Sixt** (Win Rent), Areoporto Catullo (Ankunftshalle), Tel. 045 8600900, Fax 045 8617035; Via Morgagni 16, Tel. 045 583391, Fax 045 583075, E-Mail: info@sixt.it

### PARKEN

Das Parken in Verona ist **stark reglementiert.** Die Einfahrt in die Altstadt, etwa nördlich der Linie Ponte d. Vittoria

[I6] – Piazza Brà ❶ – Ponte Navi [K7], wird mithilfe von Videokameras überwacht. Wer zu seinem Hotel will, um das Gepäck abzuladen (und nur dafür!), darf hinein – ansonsten können nur Einheimische und Lieferanten die engen Gassen befahren.

Das Parken ist an mit einer **blauen Linie** gekennzeichneten Bordsteinen und Flächen kostenpflichtig. Seinen Obolus von 1,50 €/Std. lässt man an den Parkautomaten (wo man auch Bustickets erwerben kann) oder man kauft eine **Parkkarte** in einem der zahlreichen Tabacchi-Läden und entfernt die gummierte Oberfläche über dem jeweiligen Tag und der jeweiligen Stunde. Das Parken ist auf maximal zwei Stunden beschränkt. An mit **weißen Linien** gekennzeichneten Bordsteinen ist das Parken kostenlos, sie sind allerdings sehr rar gesät. Parkt man an **gelben Linien** (= absolutes Halteverbot), wird man einen Strafzettel kassieren oder das Fahrzeug kommt per Abschleppwagen in die Verwahranstalt. Unter anderem bieten sich folgende **Parkhäuser** an:

- •**85** [I8] **Arena** (Parkhaus), 24 Std. geöffnet, 1,80 €/Std., 12,60 €/Tag, Fahrzeuge mit mehr als 2500 $cm^3$ kosten 2,30/13,20 €.
- •**86** [J7] **Cittadella** (Parkhaus), 6–2 Uhr geöffnet, 1,80 €/Std., 12,60 €/Tag, Fahrzeuge über 2500 $cm^3$ kosten 2,30/13,20 €. Kann man eine Hotelunterkunft nachweisen, kostet es 9 €/Tag.
- •**87** [L6] **Piazza Isolo** (Tiefgarage), 24 Std. geöffnet, 8–20 Uhr 1,70 €/Std., 20–8 Uhr 1,40 €/Std., 24 Std. kosten 12 €, Wochentarif 40 €. Bester Platz für den Besuch der Altstadt, da man nur über die Brücke gehen muss.
- •**88** [J8] **Tribunale** (Freifläche), 6.30–18 Uhr, 1 € für die erste Stunde, jede weitere 0,80 €

## BARRIEREFREIES REISEN

Bei der An- und Abreise erhält man **am Flughafen** Aeroporto Valerio Catullo Unterstützung, muss diese aber über seine Fluglinie anmelden (Informationen für Behinderte am Flughafen unter Tel. 045 8095666). **Am Bahnhof** Stazione Ferroviaria Verona Porta Nuova wird der Behindertendienst über FFSS Assistenza disabili kontaktiert (Tel. 045 8023302, Fax 045 8022402, 7–21 Uhr). Die Unterstützung lässt sich am besten vom Heimatbahnhof aus anmelden.

Die **Stadtbusse** in Verona sind nicht mit behindertengerechten Zugängen ausgestattet, ein Fahrdienst des AMT für Behinderte ist nur für die Bewohner von Verona verfügbar. Der **Zugang zu den wichtigen Museen und Sehenswürdigkeiten** der Stadt entspricht europäischem Standard für Behinderte. Die Lokalitäten sind mit behindertengerechten Eingängen ausgestattet und Aufzüge helfen, in die oberen Etagen zu kommen. Informationen und Unterstützung erhält man über:

- › **Stadtverwaltung** Comune di Verona – InformaHandicap, Servizi sociali, Corso Porta Palio 30, Tel. 045 590197, Fax 045 8012467, Mi.,Do. 10–12 Uhr, Mi. 14–16 Uhr, E-Mail: handicap@ulss20.verona.it
- › **Centro servizi per Studenti disabili** (nur für Studenten), Facoltà di Lettere e Filosofia, Via San Francesco 22, Tel. 045 8028593, Fax 045 8028786, E-Mail: centro.disabili@univr.it, Mo.–Fr. 10–13 Uhr

▶ *Auf der Piazza Erbe finden sich auch immer frische Lebensmittel*

# DIPLOMATISCHE VERTRETUNGEN

- **Deutsche Botschaft in Rom,** Via San Martino della Battaglia 4, 00185 Roma, Tel. 064 92131, Fax 064 9213319, E-Mail: info@rom.diplo.de, www.rom.diplo.de
- **Deutsches Generalkonsulat in Mailand,** Via Solferino 40, 20121 Milano, Tel. 026 231101, Fax 026 554213, E-Mail: info@mailand.diplo.de, www.mailand.diplo.de
- **Österreichische Botschaft in Rom,** Via Pergolesi 3, 00198 Rom, Tel. 068 440141, Fax 068 543286, E-Mail: rom-ob@bmeia.gv.at, www.aussenministerium.at/rom
- **Österreichisches Honorarkonsulat in Verona,** Piazza Broilo 3, 37121 Verona, Tel. 045 8010292, Fax 045 596729, E-Mail: puntigam@puntigam.it
- **Schweizer Botschaft in Rom,** Via Barnaba Oriani 61, 00197 Roma, Tel. 068 09571, Fax 068 088510, E-Mail: rom.vertretung@eda.admin.ch, www.eda.admin.ch/roma
- **Schweizer Generalkonsulat in Mailand,** Via Palestro 2, 20121 Milano, Tel. 027 779161, Fax 027 6014296, E-Mail: mil.vertretung@eda.admin.ch, www.eda.admin.ch/milano

# ELEKTRIZITÄT

Die Netzspannung beträgt wie in Mitteleuropa 220 Volt, die üblichen Flachstecker sind benutzbar, häufig auch dreipolige Schukostecker (falls nicht, so bieten die Hotelrezeptionen meist Adapter an).

# GELDFRAGEN

Mit der Maestro-Karte (ehemalige EC-Karte) oder einer Kreditkarte kann man mit seiner Geheimnummer an fast allen **Geldautomaten** in der Stadt Bargeld abheben. Reiseschecks sind am Bankschalter einzutauschen, was u. U. zeitaufwendig sein kann. Die **Lebenshaltungskosten** liegen in Italien gegenüber Mitteleuropa leicht höher,

057ve Abb.: sk

dies betrifft insbesondere Lebensmittel, Unterkünfte und das Essen in Restaurants.

Während der Hochsaison – in Verona speziell die Zeit während der Opernfestspiele im Juli und August – schnellen die **Hotelpreise** nach oben und können leicht die doppelte oder gar dreifache Höhe des Normalpreises annehmen. Eine Verhandlung ist dann nicht möglich, weil die Hotels keine Schwierigkeiten haben, die Zimmer loszubringen. Die Nacht für zwei Personen in einem Doppelzimmer mit Bad und ohne Frühstück in einem einfachen Hotel kostet zwischen 50 und 120 €, in einem Mittelklassehotel zwischen 80 und 200 € und in einem Luxushotel zwischen 200 und 600 € (jeweils Neben- und Hochsaison).

Ein **Essen** in einem Restaurant mit Vor-, Haupt- und Nachspeise kostet ohne Getränke um 20 € in einem einfachen Lokal, um 35 € in einer gehobenen Gaststätte und um 60 € in einem Spitzenlokal. Wer mit einer Pizza vorliebnimmt, zahlt etwa 8 €. Ein offener Wein kostet zwischen 5 und 10 € für die Literkaraffe, Flaschenweine erhält man ab 15 €.

058ve Abb.: sk

**Eintrittspreise** in die Hauptkirchen und Museen variieren zwischen 2 und 5 €, freien Eintritt erhält man in den städtischen Einrichtungen mit

## VERONA PREISWERT

- *Viele städtische Museen haben jeden ersten Sonntag im Monat Museumstag mit reduziertem Eintritt von 1 €. Die **Verona Card** sei jedem Besucher empfohlen, da sie neben freiem Eintritt in städtische Museen und Kirchen auch die kostenlose Nutzung der städtischen Verkehrsmittel einschließt. Sie ist an den Museums- und Kirchenkassen und in den Tabacchi-Läden der Innenstadt erhältlich und gilt 1 Tag (10 €) bzw. 3 Tage (15 €).*
- *Wer **fürs Essen nicht allzu viel ausgeben** will, geht in eine Bar, lässt sich aus der Vitrine ein belegtes Bötchen oder ein Sandwich reichen und **isst es vor Ort im Stehen.** Generell gilt in den Bars: Wer sich hinsetzt, zahlt mehr als derjenige, der im Stehen konsumiert. Eine weitere günstige Möglichkeit sind Selbstbedienungsrestaurants, deren Essen durchaus schmackhaft ist.*
- *Eine der **günstigsten Unterkunftsmöglichkeiten** in Verona (neben Camping) ist die Jugendherberge „Villa Francescatti" (s. S. 116), die auch älteren Reisenden offensteht (sofern man Mitglied in einer der assoziierten Oganisationen wie dem Deutschen Jugendherbergsverband DJH ist) und Familienzimmer anbietet. Die Herberge ist noch dazu toll gelegen und besitzt einen wunderschönen Park.*

der **Verona Card** (ein Tag 10 €, drei Tage 15 €), die sich schnell rentiert (siehe „Verona preiswert").

Bewegt man sich bei seinem Besuch auf einfachem Niveau, muss man pro Tag und Person in der Stadt mit 50 € rechnen, auf Mittelklasseniveau mit 100 €. Bei einem luxuriösen Urlaub zahlt man ab 200 € pro Tag und Person.

Der Besuch einer **Opernvorstellung in der Arena** kostet am Wochenende auf den besten Plätzen in der ersten Reihe 220 €, im Parkett mit nummerierten Sitzen 130–200 €. Nummerierte Rangplätze bekommt man für 85–105 € und unnummerierte Rangplätze für 25 €. Unter der Woche sind die Karten etwa 10 % billiger.

# INFORMATIONSQUELLEN

## INFOSTELLEN ZU HAUSE

Das **staatliche italienische Fremdenverkehrsamt ENIT** hat in Deutschland drei Niederlassungen, in Österreich und der Schweiz je eine. Informationsmaterial (Prospekte) bestellt man direkt beim zuständigen Büro der ENIT oder auf der Homepage:

- **www.enit.it.**
- **ENIT Berlin,** Kontorhaus Mitte, Friedrichstr. 187, 10117 Berlin, Tel. 030 2478397, Fax 2478399, E-Mail: enit-berlin@t-online.de

◄ *Restaurantpreise sind laut Gesetz per Aushang auszuweisen*

- **ENIT Frankfurt,** Neue Mainzer Straße 26, 60311 Frankfurt am Main, Tel. 069 237069, Fax 069 232894, E-Mail: enit.ffm@t-online.de
- **ENIT München,** Prinzregentenstr. 22, 80538 München, Tel. 089 531317, Fax 530369
- **ENIT Wien,** Kärtnerring 4, 1010 Wien, Tel. 01 505163912, Fax 5050248, E-Mail: delegation.wien@enit.at
- **ENIT Zürich,** Uraniastraße 32, 8001 Zürich, Tel. 01 2113633, Fax 2113885, E-Mail: info@enit.ch

## INFOSTELLEN IN DER STADT

Die **städtischen Auskunftsbüros IAT** (= *Informazione e Accoglienza Turistica*) findet man an der Piazza Brà 1, am Bahnhof [G9] und am Flughafen.

- 89 [J7] **IAT Piazza Brà,** Via Degli Alpini 9, Tel. 045 8068680, Fax 045 8003638, E-Mail: iatverona@provinica.vr.it, www.tourism.verona.it
- 90 [H9] **IAT Bahnhof,** Stazione FFSS (Verona Portanuvoa), Piazza XXV Aprile, Tel./Fax 045 8000861, E-Mail: iatverona@provinica.vr.it
- **IAT Flughafen,** Aeroporto Valerio Catullo, Ankunftshalle (Terminal arrivi), Tel./Fax 045 8619163, E-Mail: iatverona@provinica.vr.it
- **Fundbüro – Oggetti smaritti,** Via Campo Marzo 9, Tel. 045 8079341, Mo./Mi./Fr. 9–12 Uhr

Wer **Karten** für die Veranstaltungen in der Arena 2 benötigt, wende sich an die Fondazione Arena, für das Teatro Filarmonico (s. S. 31) an dessen Ticketverkauf. Das Römische Theater 32 hat einen eigenen Ticketverkauf (s. u.). Karten für die Veranstaltungen dieser Institutionen und weitere Aufführungen in Stadt und Provinz verkauft online die Organisation VeronaTicket:

- **www.veronaticket.com**

ⓘ**91** [J7] **Karten Teatro Romano und Cortile del Mercato vecchio,** Palazzo Barbieri, Angolo Via Leoncino 61, Tel. 045 8066485, www.estateteatraleveronese.it

ⓘ**92** [J7] **Box Office Verona,** Via Pallone 12a, 9.30–12.30 u. 15.30–19.30 Uhr, Sa.-nachmittag u. Mo.-vormittag geschlossen, Tel. 045 8011154, Fax 045 8011936, E-Mail: info@boxofficeverona.it

### DIE STADT IM INTERNET

› **www.carnetverona.it:** ausführliche Veranstaltungslisten für jeden Tag der Woche (Italienisch)
› **www.cittadiverona.it:** Seite mit Informationen über kulturelle Ereignisse (hauptsächlich auf Italienisch, teils auf Deutsch)

## DEUTSCHSPRACHIGE ZEITUNGEN

*Die älteste Leihbibliothek Italiens, die **Società Letteraria di Verona,** stammt aus dem Jahr 1808 und befindet sich am Rand der Piazza Brà* ❶ *(Piazzetta Scalette Rubiani 1, Tel./Fax 045 595949, www.societaletteraria.it, tgl. 9–20 Uhr). Wer hier aktuelle Zeitungen und Zeitschriften (auch deutschsprachige wie FAZ, Spiegel oder Die Zeit) lesen oder die alten Folianten studieren will, kann dies für 10 € Mitgliedsbeitrag einen Monat lang tun.*

*Eine weitere Möglichkeit ist die **Stadtbibliothek** (Zutritt kostenfrei), auch hier gibt es deutschsprachige Zeitungen und Zeitschriften (Biblioteca Civica, Via Cappello 43, Tel. 045 8079700, Mo. 14–19 Uhr, Di.–Fr. 9–19 Uhr, Sa. 9–14 Uhr).*

› **www.comune.verona.it:** offizielle Seite der Stadt auch mit touristischen Informationen (nur auf Italienisch)
› **www.tourism.verona.it:** offizielle Internetpräsenz der Provinz Verona mit zahlreichen touristischen Informationen über Provinz und Stadt (auch auf Deutsch)
› **www.travelitalia.com/de/guide/Verona:** ausführliche Beschreibungen vieler Sehenswürdigkeiten Veronas und weitere touristische Informationen (teils auf Deutsch)
› **www.veronatuttintorno.it:** Seite des Konsortiums der touristischen Betriebe der Stadt Verona und Umgebung (auch auf Englisch)

### PUBLIKATIONEN UND MEDIEN

**Deutschsprachige Zeitungen** und Zeitschriften erhält man an den Kiosken im Zentrum (Tageszeitungen meist schon am Vormittag des Erscheinungstages).

Alle kulturellen, sportlichen und weiteren **Veranstaltungen** der Stadt und Umgebung listet die monatlich erscheinende Broschüre „Carnet Verona" auf Italienisch auf. Man bekommt sie meist kostenlos in den Hotels.

## INTERNET

Seit Mai 2009 ist Veronas Altstadt zwischen Piazza Erbe und Piazza Brà WiFi-Zone mit kostenlosem Internetzugang. In den Hotels der gehobenen Kategorien kann man sich in deren WLANs einklinken, teilweise wird dafür eine Gebühr verlangt. Es gibt einige **Internetcafés** in der Stadt,

@**93** [I7] **Internet Train,** Via Roma 17, Tel. 045 8013394, Mo.–Fr. 11–22 Uhr, Sa. u. So. 14–20 Uhr

@**94** [J5] **Rendez-Vous Café,** Via Garibaldi 6, Tel. 045 8003308, tgl. 10–20.30 Uhr

## LITERATURTIPPS

- *„Catull. Der Dichter und sein erotisches Werk" – Niklas Holzberg bringt in seinem bei C.H. Beck erschienenen Werk über die um 55 v. Chr. publizierten Gedichte des in Verona geborenen Poeten die Sache auf den Punkt: Nie war die Sexualität im Alten Rom so frei wie zu Catulls Zeiten.*
- *„Tödlicher Tropfen" und „Stille Schreie" – zwei Krimis, die in Verona spielen. Ihr Protagonist ist der brave Commissario Fanelli, erfunden hat ihn Tina Perucci, erschienen sind beide Bücher im Wiesenburg Verlag.*
- *In „Tod in Verona" (DuMonts Kriminalbibliothek) zeichnet Timothy Holme ein ganz anderes Kaliber als Ermittler: Der unverschämt gut aussehende neapolitanische Polizeiinspektor Achille Peroni durchstöbert das Verona der Roten Brigaden und der Faschisten.*

## MIT KINDERN UNTERWEGS

Wie in ganz Italien sind die Menschen **äußerst kinderfreundlich** – und wenn ein Kind noch dazu blonde Haare hat, dann bricht es alle Herzen! In den Museen und Kirchen zahlen Kinder und Jugendliche bis 14 Jahre meist nur die Hälfte und in den Restaurants darf man gerne um eine kleinere Portion für sie bitten.

Folgende Aktivitäten und Orte sind mit Kindern lohnenswert:

- **Minigolf:** Torricelle, 5 km außerhalb im Norden in den Hügeln, gepflegter großer Platz mit Restaurant – ein Ausflugsziel auch für die Veroneser Familien
- **Museen:** Haus der Julia 11, Museo di Storia Naturale 39, Museo della Radio d'epoca 42
- **Parks und Spielplätze:** Giardini dell'Arsenale Austriaco 26, Giardini Giusti 37, Bosco delle Fiabe 31, Spielplätze gegenüber der Kirche San Giovanni in Valle 35 und südlich der Kirche San Giorgio
- **Schwimmbad:** Piscina Comunale Giacomo Conti, Via Galliano, Tel. 045 563815, Mo.–Fr. 9.30–21 Uhr, Sa. 9.30–20.30 Uhr, So. 9.30–13 Uhr
- **Turmbesteigung:** Torre dei Lamberti 8
- **Rafting:** Man fährt auf Gummibooten vom Ponte Catena [G4] nördlich des Arsenale Austriaco aus die Schleifen der Etsch ab, die Tour entlang der Altstadt dauert etwa eine Stunde (Èquipe d'Acqua viva Verona, Via Confortini 7, Tel. 045 8921733, Fax 045 8937354, www.adigerafting.it).

059ve Abb.: sk

▶ *Kinder sind in ganz Italien gern gesehene Gäste*

# MEDIZINISCHE VERSORGUNG

Der **Apothekennotdienst** ist 24 Stunden erreichbar: Tel. 045 8011148, www.farmacieverona.it. Eine **Apotheke** mit deutschsprachiger Beratung ist die:

- **Farmacia Internazionale,** Piazza Brà 28, Tel. 045 596139, 9/10–12.30 u. 15.30–19.30 Uhr, Sa.-nachmittag geschlossen

- **Krankenhaus „Ospedale Civile Maggiore“,** Piazzale Stefani 1, Tel. 045 8071111, www.ospedaliverona.it, liegt nordwestlich der Altstadt hinter dem Arsenale Austriaco 26

# NOTFÄLLE

## NOTRUFNUMMERN

- **ACI Pannenhilfe** (italienischer Automobilclub): Tel. 803116 (rund um die Uhr), über Mobilfunk unter Tel. 800116800, www.aci.it
- **ADAC Notrufnummer:** Tel. 039 21041, Deutsch sprechende Mitarbeiter der ADAC-Notrufzentrale in Italien
- **ÖAMTC Schutzbriefnothilfe:** Tel. 0043 1 2512000, deutschsprachige Notrufstation in Monza, Tel. 039 2104553
- **TCS Schutzbriefnothilfe:** Tel. 0041 224172220

► *Die Ponte Scaligero ist nur für Radfahrer und Fußgänger frei*

- **Apothekennotdienst:** Tel. 045 8011148 (24 Stunden erreichbar), www.farmacieverona.it
- **Polizeinotruf:** vom Festnetz Tel. 112, über Mobilfunk Tel. 112
- **Rettungsdienst:** vom Festnetz Tel. 118, über Mobilfunk Tel. 112

Im Falle eines Kartenverlustes (Kreditkarten, Maestro-Karte, SIM-Karte) gelten im Notfall für deutsche Karten folgende **zentrale Sperrnummern:**

- Tel. 0049 116116 oder Tel. 0049 30 40504050

Für österreichische und Schweizer Karten gibt es (noch) keine zentrale Sperrnummer, deren Besitzer sollten sich vor Reiseantritt bei ihrem Bankinstitut über die jeweilige Notrufnummer informieren.

## POLIZEIDIENSTSTELLEN

- **Polizia Municipale** (Vigili Urbani, Stadtpolizei), Via del Pontiere 32a, Tel. 045 8078411, www.comune.verona.it
- **Polizia Stradale** (Verkehrspolizei), Lungadige Galtarossa 11, Tel. 045 8090711, Fax 045 8090709, www.poliziadistato.it

# ÖFFNUNGSZEITEN

- **Ämter:** Mo.–Fr. 8.30/9–13.30 u. 15–17.30 Uhr
- **Banken:** Mo.–Do. 8.30–13.30 u. 15–16 Uhr, Fr. 8.30–13.30 u. 14.45–15.45 Uhr
- **Geschäfte:** Mo.–Sa. 8.30–12.30 u. 15.30–19.30 Uhr (Mo.-vormittag häufig geschlossen)
- **Museen:** meist Di.–So. (sonntags häufig eingeschränkte Öffnungszeiten)
- **Post:** Mo.–Fr. 8.15–14 u. 16–20 Uhr, Sa. 8–13 Uhr (Hauptpostämter 8.30–18.30, Sa. 8.30–13 Uhr)

# POST

Das **Porto** für einen Standardbrief nach Mitteleuropa beträgt 65 Cent (innerhalb Italiens 60 Cent), Briefmarken sind auf den Postämtern und in den Tabacchi-Läden erhältlich (gekennzeichnet mit einem weißen „T“ auf blauem Grund). Da Postkarten sehr stiefmütterlich bearbeitet werden, sollte man diese in einen Umschlag stecken und als Standardbrief versenden. Ein Paket bis 3 kg kostet innerhalb Europas 33 €. Postämter haben vormittags 8.15–14 Uhr geöffnet und Hauptpostämter ganztags.

✉**95** [I7] **Hauptpostamt (Ufficio Postale VR 2),** Via C. Cattaneo 23, 37100 Verona (nahe der Piazza Brà), Tel. 045 8059949, www.poste.it, Mo.–Fr. 8.30–18.30 Uhr, Sa. 8.30–13 Uhr

# RADFAHREN

In der Altstadt darf man – im Unterschied zum Auto – mit dem Rad unbeschränkt unterwegs sein. Nur in den Straßen Via Mazzini 6 und Via Cappello [K6] muss man das Fahrrad schieben. Ausflüge mit dem Rad in die Umgebung organisieren die „Freunde des Rades“:

› **Amici della Bicicletta di Verona – Freunde des Rades,** Via Spagna 6, Tel. 045 8004443, Fax 045 8026803, www.amicidellabicicletta.it

An folgenden Stellen kann man Fahrräder leihen:

› **Rent-a-Bike,** Corso Cavour 13a, Tel. 045 8005681. Die erste Stunde kostet 5 €, jede weitere Stunde 1 €. Ab 8 Stunden lohnt sich die Anmietung von 9–19.30 Uhr (12 €), 24 Stunden kosten 15 €, jeder weitere Tag 5 €.

060ve Abb.: sk

› **Tourismusbüro am Bahnhof – IAT (s. S. 107),** Stazione FFSS (Verona Portanuvoa), Piazza XXV Aprile, Tel. 045 8000861. Nur wenige Räder stehen hier zur kostenlosen Ausleihe, sodass diese eigentlich immer schon frühmorgens weg sind. Man hinterlässt ein Ausweisdokument und erhält einen Schlüssel. Das Rad muss unbedingt rechtzeitig abgegeben werden (werktags bis 19 Uhr, sonntags früher), sonst steht man vor verschlossenen Türen und bekommt den Ausweis erst am nächsten Tag zurück.

# SCHWULE UND LESBEN

## SITUATION

Die Szene ist in Norditalien mittlerweile relativ gut organisiert und besitzt ihre ganz offiziellen Treffpunkte. *Cruising Areas* sind in der Via Basso Acquar [J9] südlich der Altstadt und östlich des Bahnhofs. Die Gegend in

Höhe der Via Dominutti gilt als nicht sehr sicher, hohe Aufmerksamkeit wird angeraten.

- **Info Arcigay Pianeta Urano.** Das Büro soll im Herbst 2009 umziehen. Aktuelle Infos auf der Website, www.arcigay.it.
- **Info Arcilesbica Pianeta Urano,** Via Gela 9, Tel. 045 8106253 oder 3381067300, verona@arcilesbica.it, www.arcilesbicaverona.blogspot.com

### TREFFPUNKTE

- 96 **Bar Al Semaforo,** Via Unità d'Italia 100, Tel. 045 976401
- 97 [M7] **Bar Campofiore,** Via Campofiore, Tel. 045 8032534 (tagsüber auch Heteros)
- 98 [G6] **Bar Oste Nero,** Via Barbarani 12a, Tel. 3407338527 (tagsüber auch Heteros)
- 99 [I9] **Bed & Breakfast La Magnolia,** Via Jacopo Foroni, Tel. 3939617672 www.lamagnoliavr.it
- 100 [K6] **Café Bukowski,** Via Amanti 6, Tel. 045 8011417
- 101 [N8] **Disco Romeo's Club,** Via Giolfino 12, Tel. 045 8403215 oder 3357713380, www.romeosclub.it, So.–Mi. ab 22 Uhr Bar/Café, Fr. ab 23 Uhr Disco, Sa. ab 23 Uhr Themenabend
- **Ristorante/Pizzeria Al Bracere** (s. S. 29), Via Adigetto 6a, Tel. 045 597249
- 103 [N7] **Ristorante Casta Diva,** Via Ettore Arduino 7, Tel. 045 8036801
- 104 [N8] **The City Sauna Club,** Via Giolfino 12, Tel. 045 520009 oder 3482831970

## SICHERHEIT

Norditalien gilt als relativ sicher, wenn es auch in den großen Städten Viertel gibt, die man nachts nicht alleine betreten sollte. Die ständig belebte Innenstadt Veronas gehört nicht dazu, hier kann man sich im Allgemeinen zu jeder Tages- und Nachtzeit unproblematisch bewegen.

Doch bedenke man immer: Gelegenheit macht **Diebe.** Und so sollte man nicht mit Geld, Schmuckstücken oder wertvollen Kameras beweisen wollen, was man sich so alles leisten kann. Sollte man wider Erwarten doch einmal Opfer eines Diebstahls werden – vielleicht während der Opernsaison im Gedränge der Piazza Brà 1 oder in den Gassen der Altstadt –, wende man sich an die überall postierten Polizistinnen und Polizisten, die meist mindestens eine Fremdsprache sprechen und gerne weiterhelfen.

## SPRACHE

In Verona **wird relativ viel deutsch gesprochen,** sodass eine Verständigung kein Problem darstellen sollte. In den Restaurants sind die **Speisekarten** meist mehrsprachig (auch in Deutsch), in wenigen Fällen nur in Italienisch.

Die Ausstellungsstücke in den Museen sind häufig mehrsprachig beschriftet, auf alle Fälle ist eine Broschüre mit Erklärungen in Deutsch erhältlich. Dies trifft auch auf die Kirchen zu.

Im Anhang dieses CityTrips finden Sie zur besseren Verständigung vor Ort eine „Kleine Sprachhilfe“ mit den wichtigsten italienischen Begriffen und Redewendungen.

## STADTTOUREN, ORGANISIERTE

Höchst kompetente **Stadtführungen auf Deutsch** unternimmt Dottoressa Christina Zuegg (Tel./Fax 045 524628, E-Mail: zulu54@iol.it). Die individuelle Führung hat den Vorteil, sich auf diese Weise nicht nur einen generellen Überblick zu verschaffen, sondern auch spezielle Interessen verfolgen zu können (z. B. das römische Verona, die Stadt unter den Skaligern oder das Verona der Renaissance).

Wer lieber in einer größeren Gruppe geht, wende sich an die Touristeninformation (s. S. 107), die zum Fremdenführerverein „Juliet & Co.“ vermittelt. Von März bis Oktober trifft man sich zum Stadtrundgang am Reiterstandbild der Piazza Brà 1 tgl. um 17.30 Uhr (Dauer 75 Min., 10 €/Person).

Eine Bustour fährt alle wichtigen Monumente der Stadt ab:

› **Romeo Bus,** Abfahrt Juni–Sept. vor der Gran Guardia an der Piazza Brà 1 Di.–So. 10, 11.30, 13 u. 15.30 Uhr, Sa. ist die Tour um 15.30 Uhr auch auf Deutsch geführt, 15 €/Person, bis 18 Jahre 10 €

061ve Abb.: sk

◄ *Touristischer Sammelpunkt: der Hof von Julias Haus*

## TELEFONIEREN

Öffentliche Fernsprecher verschwinden zunehmend aus dem Straßenbild Italiens und werden ersetzt von den *telefoninos,* den **Mobiltelefonen.** Praktisch alle mitteleuropäischen Netzbetreiber haben ihre festen Vereinbarungen mit den italienischen Funknetzbetreiber getroffen (Roaming-Abkommen), sodass sich die Handys automatisch ins Partnernetz einloggen. Die Höchsttarife, die der heimische Netzbetreiber und der Roaming-Partner verlangen dürfen, sind von den EU-Behörden seit Kurzem gesetzlich festgelegt, über die genauen Tarifbestimmungen informiert der eigene Provider. Die Nutzung einer italienischen **Prepaid-Karte** ist bei Kurzaufenthalten nicht unbedingt sinnvoll, da zu Hause erst einmal die neue Nummer kommuniziert werden muss.

Wer nach Italien und innerhalb Italiens telefoniert, muss beachten, dass **Festnetznummern immer mit der Ortsvorwahl und der vorangestellten „0“ gewählt werden müssen,** von Mitteleuropa nach Verona also „0039

045 [Teilnehmernummer]", innerhalb Veronas „045 [Teilnehmernummer]". Italienische Mobilfunknummern werden hingegen prinzipiell ohne vorangestellte „0" gewählt.

- **Vorwahlen:** von D, A, CH nach Italien 0039, von Italien nach D 0049, nach A 0043, nach CH 0041

## UHRZEIT

Die Zeit in Italien entspricht der MEZ (Mitteleuropäische Zeit) bzw. der MESZ (Mitteleuropäische Sommerzeit). Da man sich – wenn auch nur ein wenig – näher am Äquator befindet, geht die Sonne minimal später auf und etwas früher unter.

## UNTERKUNFT

Trotz der zahlreichen Unterkunftsmöglichkeiten in der Stadt und Umgebung ist Verona **in der Hochsaison häufig ausgebucht,** sodass für Juli und August eine rechtzeitige Reservierung empfehlenswert ist. Unterkünfte sind in diesen Monaten bis zu dreimal so teuer wie im Restjahr und auch einfachere Herbergen wie Bed-and-Breakfast-Betriebe schlagen dann beim Preis ordentlich drauf.

063ve Abb.: sk

### PREISKATEGORIEN UNTERKÜNFTE

Preis für ein Doppelzimmer mit Frühstück:

- **€** bis 75 €
- **€€** 75–150 €
- **€€€** ab 150 €

Hotels aller Kategorien sind auf Stadtgebiet zu finden, von der Fünf-Sterne-Luxusunterkunft bis zum Ein-Sterne-Budgethotel. Zudem bieten weit über 100 Bed-and-Breakfast-Betriebe Zimmer an (i. Allg. Zimmer mit Bad), mehrere Jugendherbergen stehen nicht nur der Jugend offen, zwei Camingplätze liegen zentrumsnah und auch Caravans stehen Plätze zur Verfügung.

Die angegebenen Preise verstehen sich inklusive Frühstück und können sich jederzeit ändern. Die meisten Hotels in der Altstadt besitzen unabhängig von ihrer Kategorie meist kein Hotelrestaurant, sondern nur einen Frühstücksraum. (In unmittelbarer Umgebung gibt es aber zahllose Lokale.)

Zwei **zentrale Reservierungsstellen** (die eine für Hotels, die andere für Bed and Breakfast) bieten ihre Dienste an und sind für den Bucher kostenfrei:

- **105** [H5] **Associazione Bed & Breakfast,** Via Risorgimento 10, www.veronabedandbreakfast.it
- **106** [J7] **C.A.V.** (Cooperativa Albergatori Veronese), Via Patuzzi 5, Tel. 045 8009844, Fax 045 8009372, www.veronapass.com. Kostenlose Hotelreservierung in Stadt und Provinz.

◄ *Die Terrasse des Hotels Aurora thront über der Piazza Erbe*

## HOTELS

107 [I7] **Albergo Ciopeta** €, Vicolo Teatro Filarmonico, Tel. 045 8006843, Fax 045 8033722, www.ciopeta.it. Einfacher, aber sauberer Gasthof in sensationell zentraler Lage, angeschlossenes Restaurant mit Freisitz, Doppelzimmer mit Etagenbad 45–75 €.

108 [K5] **Due Torri** €€€, Piazza Sant' Anastasia 4, Tel. 045 595044, Fax 045 8004130, www.baglionihotels.com. Der zweite Platzhirsch neben dem Gabbia d'Oro. Die 91 Zimmer sind in einem Gebäude aus dem 14. Jh. untergebracht, dessen ursprüngliche Atmosphäre bei der Sanierung dem Luxus internationaler Prägung untergeordnet wurde. DZ 240–570 €. (Sonderangebote erfragen!)

109 [K6] **Hotel Antica Porta Leona** €€, Corticella Leoni 3, Tel. 045 595499, Fax 045 595214. Etwas abgesetzt und ruhig mitten in der Altstadt in der Via Leoni gelegenes Haus mit 36 elegant-komfortablen Zimmern, DZ 95–180 €, www.anticaportaleona.com.

110 [H7] **Hotel Arena** €, Stradone Porta Palio 2, Tel./Fax 045 8032440, www.albergoarena.it. 17 einfach eingerichtete Zimmer direkt beim Castelvecchio, DZ mit Bad 70–115 €, ohne Bad 60–90 €.

111 [K7] **Hotel Armando** €€, Via Dietro Pallone 1, Tel. 045 8000206, Fax 045 8036015, www.hotelarmando.it. Die 20 Zimmer des zentral gelegenen Hotels wurden kürzlich schick modernisiert, DZ 95–180 €.

112 [J6] **Hotel Aurora** €€, Piazzetta XIV Novembre 2 (Piazza Erbe), Tel. 045 594717, Fax 045 8010860, www.hotelaurora.biz. Direkt an der Piazza Erbe gelegenes Hotel mit 20 modernen und zweckmäßig eingerichteten Zimmern, besticht wegen seiner Terrasse auf der 1. Etage mit Blick auf die Piazza Erbe, DZ 90–140 €.

113 [J7] **Hotel Bologna** €€-€€€, Piazzetta Scalette Rubiani 3, Tel. 045 8006830, Fax 045 8010602, www.hotelbologna.vr.it. Das absolut zentral gelegene Haus ist innen modern, zweckmäßig und komfortabel eingerichtet. Nach hinten hinaus wird man vom Trubel auf der Piazza Brà und in den Gassen nichts mitbekommen, DZ mit Bad 114–200 €.

114 [J8] **Hotel De'Capuleti** €€-€€€, Via del Pontiere 26, Tel. 045 8000154, Fax 045 8032970, www.hotelcapuleti.it. 40-Zimmer-Hotel in der Nähe des Grabes von Julia und 200 m von der Arena entfernt in einer ruhigen Seitenstraße gelegen. Modern-komfortable Einrichtung, gutes Frühstücksbüffet, DZ 80–200 €.

115 [I7] **Hotel Europa** €€, Via Roma 8, Tel. 045 594744, Fax 045 8001852, www.veronahoteleuropa.com. Modernes Haus gleich bei der Piazza Brà mit Komfortzimmern und – ein nicht zu unterschätzendes Plus – eigener Garage, DZ mit Bad 70–175 €.

116 [I8] **Hotel Firenze** €€-€€€, Corso Porta Nuova 88, Tel. 045 8011510, Fax 045 8000374, www.hotelfirenze.it. Das moderne Haus (Mitglied der Hotelkette Best Western) mit 50 Zimmern liegt idealerweise genau auf halbem Weg vom Bahnhof zur Piazza Brà (je 5 Min.). Elegante Komfortzimmer und reichhaltiges Frühstücksbüffet, DZ 90–260 €.

117 [J6] **Hotel Gabbia d'Oro** €€€, Corso Porta Borsari 4a, Tel. 045 8003060, Fax 045 590293, www.hotelgabbiadoro.it. Wer Traditionen liebt und Geld loswerden will, ist hier genau richtig. Der Palast aus dem 18. Jh. an der Piazza Erbe wurde unter teilweiser Beibehaltung der kostbaren historischen Holzdecken und Fresken in ein exquisites Hotel mit lediglich 27 Zimmern verwandelt. Mit Wintergarten und Garage (28 €/Tag), DZ 220–380 €.

118 [I8] **Hotel Trieste** €€€, Corso Porta Nuova 57, Tel. 045 596022, Fax 045

8003510, www.hotel-trieste.it. Das zwischen Bahnhof und Arena gelegene Haus mit 33 Zimmern hat an Komfort mehr zu bieten, als die Sterneanzahl vermuten ließe. DZ 85–150 €.

## BED AND BREAKFAST

- 119 [L7] **Ad Centrum** €–€€, Lungadige Porta Vittoria 23, Tel./Fax 045 8000742, www.adcentrumveronabedandbreakfast.com. Zimmer in einem restaurierten historischen Gebäude (600 m von der Arena entfernt) mit Bad, TV und Klimaanlage, DZ 70–90 €.
- 120 [J6] **All'Arena** €–€€, Via San Nicolò 3, Tel. 3289424255, Fax 045 8015708, www.allarena.it. Renoviertes historisches Gebäude in einer kleinen Gasse hinter der Arena, DZ 70–90 €.
- 121 [J6] **All'Opera** €€, Via A. Mario 11, www.bbopera.com, Tel./Fax 045 596793. Elegantes Bed and Breakfast, das sich in einer ruhigen Gasse einen Steinwurf von der Arena entfernt befindet. Jeglicher Komfort wie Klimaanlage, Internet usw., großzügige Bäder, elegante Einrichtung, Frühstück mit Blick auf die Arena, DZ 90–170 €.
- 122 [I9] **Al Raggio di Sole** €€, Corso Porta Nuova 133, Tel./Fax 045 8006238, www.alraggiodisole.com. Unabhängige Dachwohnung (3 Betten) im Zentrum für 120–140 € pro Tag.
- › **Bei Romy Rocker** €€, Via Trezzolano 5a, www.bedandbreakfast-romy.com, Tel./Fax 045 988155, 4 km außerhalb zu Füßen der Lessiner Hügel. Großer Garten mit Blick auf die Stadt, geräumige Zimmer mit eigenem Eingang, DZ 80–100 €.
- 123 [K6] **Domus Nova** €€€, Piazza dei Signori, Tel. 045 8015245 oder 3807071931, Fax 045 8043459, www.domusnovaverona.it. B&B mit hocheleganten Ambiente an der Piazza dei Signori mit Blick auf die Jahrhunderte – zentraler geht's nicht! DZ 200–230 €.
- 124 [J5] **Duomo** €–€€, Via Duomo 19, www.bedandbreakfastduomo.com, Tel./Fax 045 8034006. Drei Zimmer mit Bad und Küchenbenutzung in der Nähe des Doms. Mit Lesezimmer, DZ 75–105 € (mind. zwei Übernachtungen).
- 125 [J8] **Interno 5 di Gatto Ramona** €, Via Adigetto 9, Tel./Fax 045 8001204, E-Mail: info@interno5.it. 2 Zimmer nahe der Piazza Brà mit Gemeinschaftsbad und Garage, DZ 50–75 € (mit Parken).
- 126 [L6] **Residenza Carducci** €€, Via Carducci 25c, Tel./Fax 045 8034501 www.residenzacarducci.com. Renoviertes Gebäude aus dem 16. Jh. in Veronetta, DZ 70–130 €.

## JUGENDHERBERGEN

- 127 [J5] **Casa della Giovane** €, Via Pigna 7, Tel. 045 596880, Fax 045 8005449, www.casadellagiovane.com. In unmittelbarer Nähe des Doms steht das Haus nur Mädchen und Frauen zur Verfügung. Mehrbettzimmer (inkl. Küchenbenutzung) und Apartments mit Kochmöglichkeit, keine Mahlzeiten. Die Übernachtung im Mehrbettzimmer kostet 18 €.
- 128 [L5] **Villa Francescatti** €, Salita Fontana del ferro 15, ganzjährig geöffnet, Tel. 045 590360, Fax 045 8009127, Anfahrt mit Bus 73 (Haltestelle 400 m entfernt). In Klosterbesitz befindliches Gebäude (241 Betten) mit schönem Park. Wenn man abends länger unterwegs sein möchte, sollte man dies mit der Rezeption absprechen, da man sonst nicht mehr durch die Pforte kommt. Bett mit Frühstück 17 €, Bett im Familienzimmer 19,50 €, Mahlzeit 9,50 €.

## CAMPING- UND CARAVANPLÄTZE

- 129 [L4] **Camping Castel San Pietro**, Via Castel San Pietro 2, www.campingcastelsanpietro.com, Tel./Fax 045 592037, geöffnet

EXTRATIPP

**Ferien auf dem Bauernhof**

*Der Agriturismo-Betrieb* ***Alle Torricelle*** *€-€€ liegt 5 km nördlich des Zentrums in den Veroneser Hügeln. Auf dem bewirtschafteten Bauernhof mit eigener Tierzucht kommen Öl, Senf, Wein und Brot aus eigener Produktion auf den Tisch (Abendessen nur für Übernachtungsgäste). Anfahrt aus Verona mit Bus 41/95 plus 1 km Fußmarsch – wenn man nicht mit dem eigenen Wagen anfährt. Hübsche Zimmer mit Bad, DZ 65–80 € (ÜF).*

› *Via Bonuzzo Santa Anna 4, www.agriturismotorricelle.com, Tel. 3485623195*

10. Mai–15. Oktober. Tolle Lage über der Altstadt mit schattigen Plätzen, 15 Gehminuten ins Zentrum, sehr gute Sanitäreinrichtungen, bestuhlte Terrassen. Gebühren: Zeltplatz 6,50 €, Fahrzeug 4 €, pro Person 6,50 €, Mietzelt 4,50 €, Bungalow für vier Personen 24 €.

› **Camping Romeo e Giulietta**, Via Bresciana 54, Tel. 045 8510243, E-Mail: camping_verona@tin.it, geöffnet 1. April – 29. September. 5 km außerhalb im Westen an der SS11 (Stadtausfahrt über Corso Milano) gelegen, Busanbindung vorhanden (vom Castelvecchio werktags Bus Nr. 33, ca. 30 Min. Fahrzeit, zwischen etwa 6 und 20 Uhr alle 30 Min., am Sonntag Bus Nr. 90, tgl. ab 20 Uhr etwa jede Stunde bis 23.30 Uhr). Schattiger Platz, saubere Sanitäreinrichtungen, Schwimmbad. Gebühren: Zeltplatz 12–15 €, pro Person 6 €.

⚠130 [G8] **Caravan Park Porta Palio,** Via della Bona. Caravanplatz in unmittelbarer Nähe des Bahnhofs, 24 Std. kosten 10 €. Saubere Stellplätze, jedoch kein Stromanschluss vorhanden.

# VERHALTENSTIPPS

## SO IST ES GUT

› Norditalien kennt die **Pünktlichkeit** bei Verabredungen – Ausnahmen gibt's natürlich auch, aber man sollte versuchen, die Regel zu sein und nicht sie zu bestätigen.

› Wer auf der Universität einen **Titel** erworben hat, liebt es, mit diesem bezeichnet zu werden – wenn auch an den Titelerwerb des *dottore* in Italien nicht die gleichen hohen Anforderungen gestellt werden wie in Mitteleuropa.

## SO BESSER NICHT

› Einen **Cappuccino nach 11 Uhr** zu trinken, bedeutet nichts anderes, als aus dem hohen Norden zu kommen und vom *dolce vita* nichts zu verstehen!

› Wer in einem *ristorante* **nur einen Gang bestellt,** zieht sich den Unmut des Personals zu. Man speist zumindest ein *primo* und ein *secondo* (erster und zweiter Gang). In der Pizzeria allerdings genügt ein Teigfladen plus Getränk.

## SO KEINESFALLS!

› Das **Rauchen** in einem Lokal oder einem öffentlichen Gebäude ist **strikt untersagt** und wird mit hohen Geldstrafen belegt!

› Wer **Kirchen in unangemessener Kleidung betritt** (schulterfreies Oberteil, Shorts, Feinrippunterhemd usw.), ruft schnell den Küster auf den Plan und erntet zu Recht missbilligende Blicke von den Gläubigen.

## SO ODER SO

› Es ist nicht nötig, sein **Mobiltelefon** bei einem Gespräch auszuschalten, zumindest macht es „der Italiener an sich" nicht. Wenn es läutet, wird mit einem verzeihenden Blick und einem *scusi* mal eben schnell der Gesprächspartner gewechselt.

› Eine **kleine Mahlzeit auf der Straße** ist in Verona erlaubt und für die Einheimischen ist es ganz selbstverständlich, *crostini* oder *tartine* aus der Hand zu verspeisen. Und wer Zeit hat, setzt sich für die Pause auf eine Bank oder geht in eine Bar.

## VERKEHRSMITTEL

Verona wird von **Radiotaxis** 24 Stunden lang versorgt. Die Tarife sind für kürzere Strecken im Vergleich zu Nordeuropa unverhältnismäßig teuer, sodass es Sinn macht, dass man auch mit Kreditkarte zahlen darf. Der erste Kilometer kostet am Tag 5 €, am Abend und in der Nacht über 7 €, weitere Kilometer kosten um 1 €/km. **Taxi-Standplätze** sind an der Piazza Brà ❶, der Piazza Erbe ❼, an der Stazione Porta Nuova [G9] und an der Piazza San Zeno [F/G6]. Am Bahnhof muss man sich unter Umständen auf eine längere Wartezeit einrichten.

› Radio Taxi Verona Tel. 045 532666

Das **Busnetz** von Verona ist sehr dicht, die Nutzung unproblematisch. Man kauft sich ein Ticket mit einer Gültigkeitsdauer von 60 Min. entweder in einem Tabacchi-Laden, an einer Parkuhr (für jeweils 1 €) oder im Bus (für 1,20 €). Ein Tagesticket kostet 3,50 €. Mit der lohnenswerten Verona Card (siehe „Verona preiswert") ist die Fahrt mit den städtischen Bussen frei. Man beachte, dass die Nummerierung der Buslinien sich am Wochenende mit dann eingeschränktem Verkehr ändert. Einen detaillierten Fahrplan erhält man an den Verkaufsstellen der Verkehrsbetriebe ATV.

ⓘ131 [H8] **Stadtbusse – Servizio urbano ATV,** Piazza Renato Simoni 12, Tel. 045 8871184, www.atv.verona.it

› Autostazione Porta Nuova (vor dem Bahnhof), Tel. 045 8057911

## WETTER UND REISEZEIT

Reisezeit ist in Verona immer, ob im **Hochsommer** während der Opernsaison oder im tiefen **Winter,** wenn die Weihnachtsmärkte stimmungsvolle Atmosphäre schaffen. Wer die Berge liebt, aber abends städtisches Leben nicht missen will, kommt vorzugsweise im **Herbst,** wenn es unten im Tal schon etwas kühler wird, in den nahen Bergen aber das blaue Zelt die Gipfel überspannt und angenehme Temperaturen garantiert sind. Im **Frühjahr** locken hingegen der Karneval und die ersten Blumenwiesen am Gardasee.

Die Sommer sind durch die nahen Berge relativ ausgeglichen und werden nicht extrem heiß, wenn auch der Hochsommer in einer Stadt den einen oder anderen belasten mag. Die Winter können hingegen durchaus eisig sein, besonders wenn der Wind die kalte Luft aus den Bergen durch die Straßenzüge pfeifen lässt. Doch wenn die Sonne herauskommt, findet man auch in der kalten Jahreszeit schnell Leute, die sich auf den Stühlen der Caféterrassen niederlassen.

# ANHANG

006ve Abb.: sk

# KLEINE SPRACHHILFE ITALIENISCH

Die Sprachhilfe entstammt den Kauderwelsch-Sprechführern **„Italienisch – Wort für Wort"** und **„Italienisch kulinarisch"** aus dem Reise Know-How Verlag

## AUSSPRACHE

Hier sind diejenigen Buchstaben(kombinationen) aufgeführt, deren Aussprache abweichend vom Deutschen ist bzw. sein kann.

| | |
|---|---|
| *ie, ai, eu* | Doppellaute werden immer getrennt; ausgesprochen, also „i-e", „a-i", „e-u". |
| *c* | wie „k" vor den Selbstlauten a, o, u; wie „tsch" in „Matsch" vor den Selbstlauten e, i |
| *ch* | wie „k" |
| *g* | wie „g" vor den Selbstlauten a, o, u; wie „dsch" in „Dschungel" vor den Selbstlauten e, i |
| *gh* | wie „g" |
| *gli* | wie „lj" |
| *gn* | wie „nj" in „Tanja" |
| *h* | stumm, wird nicht gesprochen |
| *r* | gerolltes Zungenspitzen-r |
| *s* | am Wortanfang immer stimmloses „s" wie in „Bus"; in der Wortmitte zwischen Selbstlauten stimmhaftes „s" wie in „Rose" |
| *st* | spitzes „st" wie in „Hast" |
| *v* | wie „v" in „Vase" |
| *z* | stimmhaftes „ds" wie in „Rundsaal" |

## ZAHLEN

| | |
|---|---|
| 0 | *zero* |
| 1 | *uno* |
| 2 | *due* |
| 3 | *tre* |
| 4 | *quattro* |
| 5 | *cinque* |
| 6 | *sei* |
| 7 | *sette* |
| 8 | *otto* |
| 9 | *nove* |
| 10 | *dieci* |
| 11 | *undici* |
| 12 | *dodici* |
| 13 | *tredici* |
| 14 | *quattordici* |
| 15 | *quindici* |
| 16 | *sedici* |
| 17 | *diciassette* |
| 18 | *diciotto* |
| 19 | *diciannove* |
| 20 | *venti* |
| 21 | *ventuno* |
| 22 | *ventidue* |
| 23 | *ventitré* |
| 24 | *ventiquattro* |
| 25 | *venticinque* |
| 26 | *ventisei* |
| 27 | *ventisette* |
| 28 | *ventotto* |
| 29 | *ventinove* |
| 30 | *trenta* |
| 40 | *quaranta* |
| 50 | *cinquanta* |
| 60 | *sessanta* |
| 70 | *settanta* |
| 80 | *ottanta* |
| 90 | *novanta* |
| 100 | *cento* |
| 200 | *duecento* |
| 300 | *trecento* |
| 400 | *quattrocento* |
| 500 | *cinquecento* |
| 600 | *seicento* |
| 700 | *settecento* |
| 800 | *ottocento* |
| 900 | *novecento* |
| 1000 | *mille* |
| 2000 | *duemila* |

## DIE WICHTIGSTEN RICHTUNGSANGABEN

| | |
|---|---|
| *(a) sinistra* | (nach) links |
| *(a) destra* | (nach) rechts |
| *diritto* | geradeaus |
| *indietro* | zurück |
| *vicino* | nah |
| *lontano* | weit |

| | | | |
|---|---|---|---|
| *qui, qua* | hier | *tornare* | zurückgehen |
| *lì, là* | dort | *all'angolo* | an der Ecke |
| *accanto* | nebenan | *all'incrocio* | an der Kreuzung |
| *di fronte* | gegenüber | *al semaforo* | an der Ampel |
| *davanti* | vor, vorne | *in centro* | im Zentrum |
| *svoltare* | abbiegen | *fuori città* | außerhalb der Stadt |

## DIE WICHTIGSTEN FRAGEWÖRTER

| | | | |
|---|---|---|---|
| *chi?* | wer? | *quando?* | wann? |
| *che (cosa)?* | was? | *perchè?* | warum? |
| *come?* | wie? | *quanto?* | wieviel? |
| *dove?* | wo(hin)? | *quanti/-e?* | wie viele? |
| *di/da dove?* | woher? | *quale?* | welche(r)? |

## DIE WICHTIGSTEN ZEITANGABEN

| | | | |
|---|---|---|---|
| *oggi* | heute | *non ancora* | noch nicht |
| *domani* | morgen | *prima* | vorher |
| *dopodomani* | übermorgen | *dopo* | nachher |
| *ieri* | gestern | *(più) presto* | früh(er) |
| *l'altro ieri* | vorgestern | *(più) tardi* | spät(er) |
| *adesso, ora* | jetzt | *di mattina* | morgens |
| *subito* | sofort | *a mezzogiorno* | mittags |
| *fra poco* | bald | *di pomeriggio* | nachmittags |
| *sempre* | immer | *di sera* | abends |
| *mai* | nie | *di notte* | nachts |
| *ancora* | schon | *a mezzanotte* | um Mitternacht |

## DIE WICHTIGSTEN FRAGEN

| | |
|---|---|
| Gibt es ...? | *C'è ...?* |
| Ich brauche ... | *Ho bisogno di ...* |
| Ich möchte / Ich will ... | *Vorrei ... / Voglio ...* |
| Geben Sie mir bitte ... | *Mi dia ..., per favore.* |
| Wo kann man ... kaufen? | *Dove si può comprare ...?* |
| Wieviel kostet ...? | *Quanto costa / viene ...?* |
| Wieviel kostet das? | *Quanto costa?* |
| Was ist das? | *Che cosa è questo?* |
| Wo ist / befindet sich ...? | *Dov'è ...?* |
| Ich möchte nach ... fahren | *Vorrei andare a ...* |
| Wie komme ich nach ...? | *Come faccio ad andare a ...?* |
| Wieviel kostet die Fahrt nach? | *Quanto costa il viaggio per ...?* |
| Ist das der Zug nach ...? | *È questo il treno per ...?* |
| Wann fährt der Bus nach ... ab? | *A che ora parte l'autobus per ...?* |
| Bringen Sie mich bitte zu / nach ... (im Taxi) | *Mi porti a ..., per favore.* |

## DIE WICHTIGSTEN FLOSKELN UND REDEWENDUNGEN

| | |
|---|---|
| ja - nein | *sì - no* |
| bitte (um etw. bitten) | *per favore* |
| Bitteschön! (anbieten) | *Prego!* |
| (Vielen) Dank! | *Grazie (tanto)!* |
| Keine Ursache! | *Di niente! / Non c'è di che!* |
| Guten Morgen / Tag! | *Buongiorno!* |
| Guten Abend! | *Buona sera!* |
| Herzlich willkommen! | *Benvenuto!/Benvenuta!* |
| Wie geht es dir / Ihnen? | *Come stai / sta?* |
| (Sehr) gut. - Schlecht. | *(Molto) bene. - Male.* |
| Auf Wiedersehen! (du/Sie) | *Arrivederci! / ArrivederLa!* |
| Hallo!, Tschüss! | *Ciao!* |
| Bis später! / Bis morgen! | *A più tardi! / A domani!* |
| In Ordnung! | *Va bene!, D'accordo!* |
| Ich weiß (es) nicht. | *Non (lo) so.* |
| Guten Appetit! | *Buon appetito!* |
| Zum Wohl!, Prost! | *Salute!, Cin cin!* |
| Die Rechnung, bitte! | *Il conto, per favore!* |
| Entschuldige/n Sie! | *Scusa! / Scusi!* |
| Es tut mir leid! | *Mi dispiace.* |
| Gestatten!, Darf ich? | *Permesso?* |
| (Sehr) gern! | *(Molto) volentieri!* |
| Sag / sagen Sie mir! | *Dimmi! / Mi dica!* |
| Helfen Sie mir bitte! | *Mi aiuti, per favore!* |
| Hilfe! | *Aiuto!* |

## NICHTS VERSTANDEN? – WEITERLERNEN!

| | |
|---|---|
| Ich spreche nicht gut Italienisch. | *Non parlo bene l'italiano.* |
| Ich möchte Italienisch lernen. | *Vorrei imparare l'italiano.* |
| Wie bitte? | *Come?* |
| Was haben Sie gesagt? | *Come ha detto?* |
| Ich habe nicht verstanden! | *Non ho capito!* |
| Sprechen Sie Englisch? | *Parla l'inglese?* |
| Wie sagt man auf Italienisch? | *Come si dice in italiano?* |
| ... auf Deutsch | *... in tedesco* |
| ... auf Englisch | *... in inglese* |
| ... auf Französisch | *... in francese* |
| ... auf Niederländisch | *... in olandese* |
| Wie spricht man dieses Wort aus? | *Come si pronuncia questa parola?* |
| Wiederholen Sie bitte! | *Ripeta, per favore!* |
| Können Sie bitte langsamer sprechen? | *Può parlare più lentamente, per favore?* |
| Können Sie mir das bitte aufschreiben? | *Me lo può scrivere, per favore?* |

## IM RESTAURANT BESTELLEN

| | |
|---|---|
| Können wir bitte die Speisekarte/ Getränkekarte haben? | *Possiamo avere il menù/la lista delle bevande, per favore?* |
| Wir möchten bitte bestellen. | *Vorremmo ordinare.* |
| Was können Sie uns empfehlen? | *Cosa ci consiglia?* |
| Was ist das Tagesgericht? | *Cos'è il piatto del giorno?* |
| Was sind die Spezialitäten der Gegend? | *Quali sono le specialità della regione?* |
| Ich nehme als Vorspeise/ersten Gang/ zweiten Gang ... | *Prendo come antipasto/primo piatto/ secondo piatto ...* |
| Die Rechnung, bitte. | *Il conto, per favore.* |
| Stimmt so, danke. | *Va bene così, grazie.* |

## DIE WICHTIGSTEN EINKAUFSFLOSKELN

| | |
|---|---|
| Ich suche ... | *Cerco ...* |
| Haben Sie ...? | *Ha ...?* |
| Wo kann ich ... finden? | *Dove posso trovare ...?* |
| Gibt es hier einen Markt? | *C'è un mercato qui?* |
| Wo ist der nächste Supermarkt? | *Dov'è il supermercato più vicino?* |
| Könnten Sie mir bitte helfen | *Mi potrebbe aiutare, per cortesia?* |
| Ich hätte gern ... | *Vorrei ...* |
| Geben Sie mir bitte ... | *Mi dà ..., per favore.* |
| Wie viel kostet das? | *Quanto costa?* |
| Wie viel kostet das Kilo? | *Quanto costa al chilo?* |
| Etwas weniger/mehr, bitte. | *Un po' di meno/più, per favore.* |
| Danke, das genügt. | *Basta così, grazie.* |
| Danke, das ist alles. | *Grazie, è tutto.* |
| Um wie viel Uhr öffnen/schließen Sie? | *A che ora apre/chiude?* |

## DIE WICHTIGSTEN BEGRIFFE IM RESTAURANT

| | | | |
|---|---|---|---|
| *menù* | Speisekarte | *antipasto* | Vorspeise |
| *primo* | erster Gang | *secondo* | zweiter Gang |
| *dessert (m)* | Nachspeise | *porzione (w)* | Portion |
| *piatto del giorno* | Tagesgericht | *lista delle bevande* | Getränke-karte |
| *piatto* | Teller | *tazza* | Tasse |
| *vino* | Wein | *birra* | Bier |
| *acqua* | Wasser | *pane (m)* | Brot |
| *bottiglia* | Flasche | *bicchiere (m)* | Glas |
| *coperto* | Gedeck | *posate* | Besteck |
| *forchetta* | Gabel | *coltello* | Messer |
| *cucchiaio* | Löffel | *minestra* | Suppe |
| *carne (w)* | Fleisch | *pesce (m)* | Fisch |
| *frutta* | Obst | *verdura* | Gemüse |
| *contorno* | Beilage | *insalata* | Salat |

# Mit Reise Know-How sicher ans Ziel

Die Landkarten des **world mapping project** bieten gute Orientierung – weltweit.

- Moderne Kartengrafik mit Höhenlinien, Höhenangaben und farbigen Höhenschichten
- GPS-Tauglichkeit durch eingezeichnete Längen- und Breitengrade und ab Maßstab 1:300.000 zusätzlich durch UTM-Markierungen
- Einheitlich klassifiziertes Straßennetz mit Entfernungsangaben
- Wichtige Sehenswürdigkeiten, herausragende Orientierungspunkte und Badestrände werden durch einprägsame Symbole dargestellt.
- Der ausführliche Ortsindex ermöglicht das schnelle Finden des Zieles.
- World Mapping Project Karten sind auf Polyart® gedruckt, superreiß- und wasserfest und beschreibbar wie Papier.

Derzeit sind ca. 150 Titel lieferbar (siehe www.reise-know-how.de), beispielsweise zu Italien:

| | |
|---|---|
| **Italien** | **1 : 900.000** |
| **Sardinien** | **1 : 200.000** |
| **Sizilien** | **1 : 200.000** |
| **Toscana** | **1 : 200.000** |

**world mapping project**
**Reise Know-How Verlag, Bielefeld**

sound))trip®
Neu bei
REISE KNOW-HOW
REISE KNOW-HOW
Northern Africa
The Andes
Argentina
Australia
The Balkans
Barbados
Belly Dance
Northeast Brazil
China
Cuba
Finland
Iceland
India
Ireland
Japan
Mexico
Russia, St. Petersburg
Scotland
South Africa
Switzerland
Turkey
Die Compilations der CD-Reihe sound))trip stellen die aktuelle, typische Musik eines Landes oder einer Region vor.
Jede CD 50–60 Min., 22- und 46-seitiges Booklet.
Im Buchhandel erhältlich.
Unverbindl. Preisempf.: 15,90 € [D]
Kostenlose Hörprobe im Internet.
in cooperation with
((piranha))
www.reise-know-how.de

# REGISTER

## A



## B



## C



## D



## E



## F



## G



## H

## I



## J, K



## L



## M



## N



## O



## P



## R



## S

# CITYATLAS

007ve Abb.: sk

1 cm = 3 km
0
5 km
10 km
Malcésine
Parco Regionale dell´Alto Garda Bresciano
Gargnano
Bogliaco
Toscolano-Maderno
249
Caprino Veronese
F. Ádige (Etsch)
Il Progno
Garda
Eremo
Bardolino
Cavaion Veron.
Lago di Garda
(Gardasee)
S. Ambrógio di Valpolicella
E45
Lazise
Pescantina
22
11
Peschiera del Garda
Castelnuovo del Garda
S. Martino d. Battaglia
4
Somma-campagna
Aeroporto di Verona-Villafranca
Villafranca di Verona
Cavriana
Valéggio s. Míncio
62
Povegliano

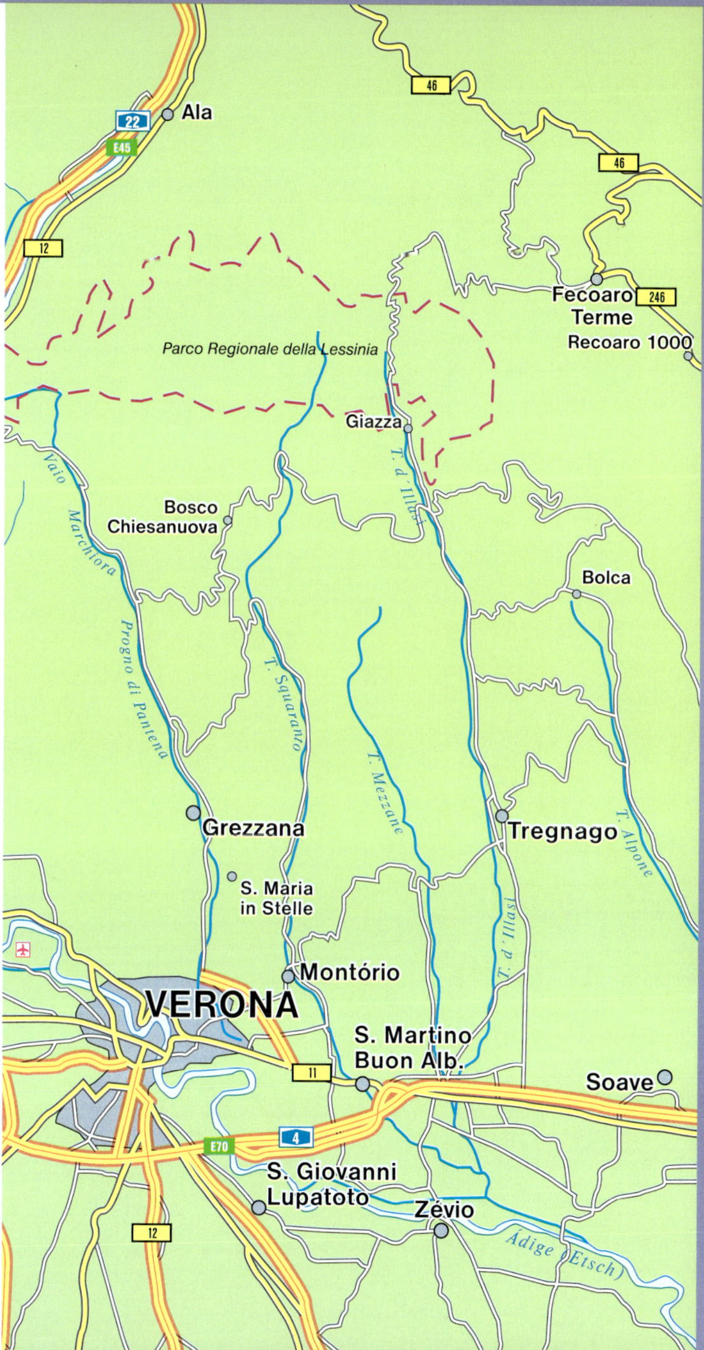
46
46
22
Ala
E45
12
Fecoaro
Terme
246
Recoaro 1000
Parco Regionale della Lessinia
Giazza
T. d'Illasi
Vaio
Marchiora
Bosco
Chiesanuova
Bolca
Progno di Pantena
T. Squaranto
T. Mezzane
T. Alpone
Grezzana
Tregnago
S. Maria
in Stelle
T. d'Illasi
Montório
VERONA
S. Martino
Buon Alb.
11
Soave
E70
4
S. Giovanni
Lupatoto
Zévio
12
Ádige (Etsch)

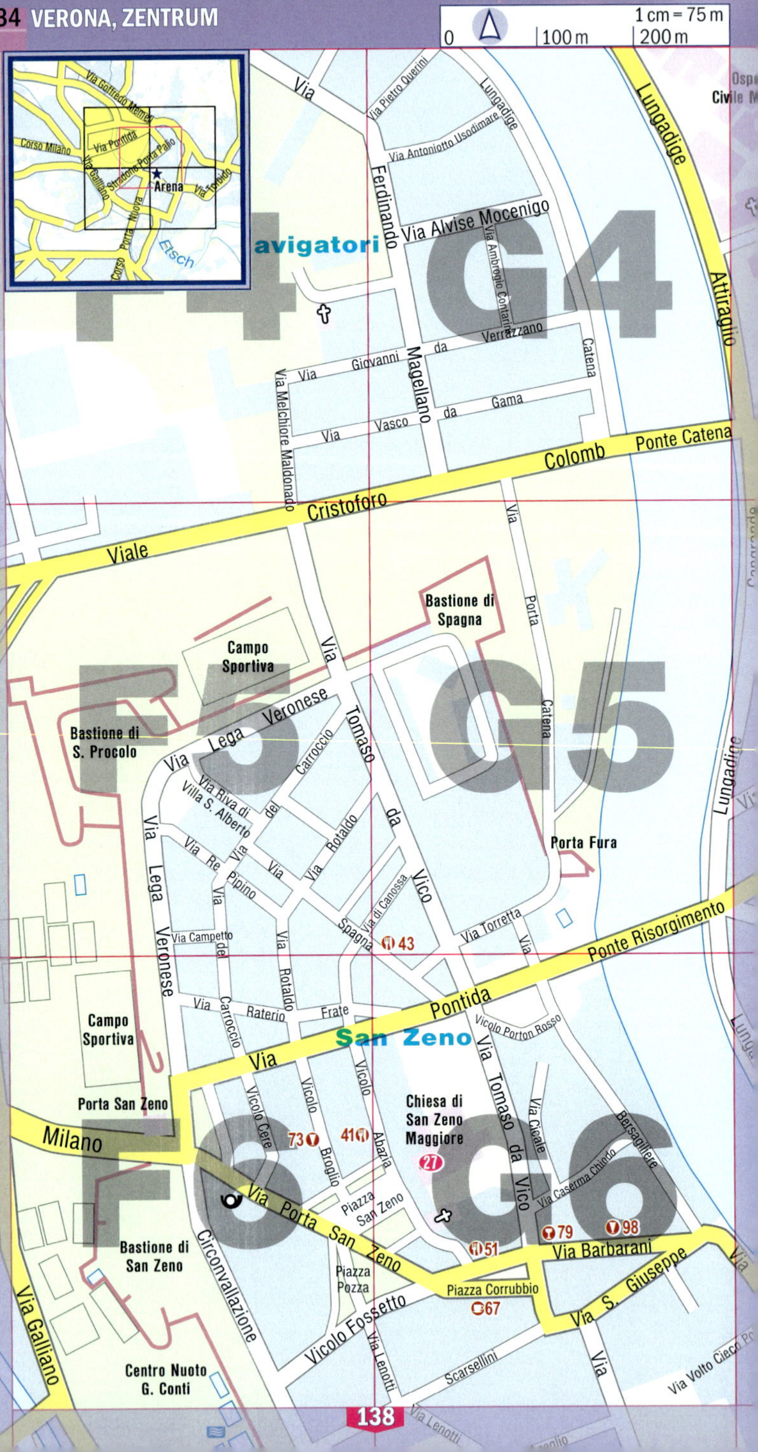
1 cm = 75 m
0
100 m
200 m
Via Goffredo Mameli
Corso Milano
Via Pontida
Stradone Porta Palio
Via Galliano
Arena
Via Torbido
Porta Nuova
Corso Porta
Etsch
Via
Via Pietro Querini
Lungadige
Via Antoniotto Usodimare
Ferdinando
Via Alvise Mocenigo
avigatori
Via Ambrogio Contarini
Lungadige
Attiraglio
Ospe
Civile
F4
G4
Verrazzano
da
Giovanni
Via
Magellano
Catena
Via Melchiore Maldonado
Gama
da
Vasco
Via
Ponte Catena
Colomb
Cristoforo
Viale
Via
Porta
Bastione di Spagna
Campo Sportiva
Via
F5
G5
Veronese
Lega
Via
Tomaso
Catena
Bastione di S. Procolo
Carroccio
Via Riva di Villa S. Alberto
del
Viale
Lungadige
da
Via
Rotaldo
Via
Porta Fura
Via Lega Veronese
Via
Re
Pipino
Via
Via
Via
Vico
Via di Canossa
Spagna
43
Via Torretta
Via
Ponte Risorgimento
Via Campetto
del
Via
Rotaldo
Colombo
Campo Sportiva
Via
Carroccio
Raterio
Frate
Pontida
Vicolo Porton Rosso
San Zeno
Via
Via Tomaso da Vico
Lunga
Porta San Zeno
Vicolo Cere
Vicolo
Vicolo
Chiesa di San Zeno Maggiore
Via Cicale
Bersaglieri
Milano
73
41
Broglio
Abazia
27
F6
G6
Via Caserma Chiodo
Piazza San Zeno
Via Porta San Zeno
79
98
Bastione di San Zeno
Circonvallazione
51
Via Barbarani
Piazza Pozza
Piazza Corrubbio
67
Via S. Giuseppe
Via
Via Galliano
Vicolo Fossetto
Via Lenotti
Scarsellini
Via
Via Volto Cieco
Centro Nuoto G. Conti
Via Lenotti

138

Ospedale Civile Maggiore
Piazzale Stefani
Via Cefalonia
Via Gianbattista da Monte
Salita Monte Grappa
Via San Leonardo
Via Goffredo Menotti
Via Giuseppe Missori
Via Corfù
Via Giovanni Vincenzo
Largo Marzabotto
24
Via San Camillo de Lellis
Viale Nino Bixio
Via Memeli
Via Anita Garibaldi
Via Angelo Butturini
Via Fratelli Ferroni
Via Ciro
Via delle Argonne
Via Roveto
Via Bezzecca
Via Caprera
Via Maggio
Via Farinati degli Uberti
Via Trezza
Piazza Vittorio Veneto
Via dei Mille
136
Via Cangrande
Via Ederle
Via Bassi
Camozzini
Via Todeschini
Via Anzani
Via Guerzoni
Via Calatafimi
Via Aspromonte
105
Via Abba
Via Santo
Via Parto
Lungadige
Via F. Bandiera
Via del Risorgimento
Via Pasubio
Via IV Novembre
Via Tonale
Via Giardino
Via della Repubblica
4
Via Isonzo
Lungadige
Via Arsenale
Ex Arsenale
Ponte della Vittoria
Via Cappellini
Campagnola
Via Diaz
H4
I4
H5
I5
H6
I6
26
Piazza Arsenale
Cangrande
Via Riva San Lorenzo
Vicolo Riva San Lorenzo
Vicolo San Lorenzo
23
Chiesa di San Lorenzo
Corso Cavour
63
24
Santi Apostoli
12
Vicolo Catchina
Piazza Sacco e Vanzetti
Ponte Scaligero
25
Fiume Adige
Pal. Canosia
Via Rigaste San Zeno
Vicolo Polenta
Via Fratta
Vicolo Discipli
Piazzetta Castelvecchio
Arco dei

139

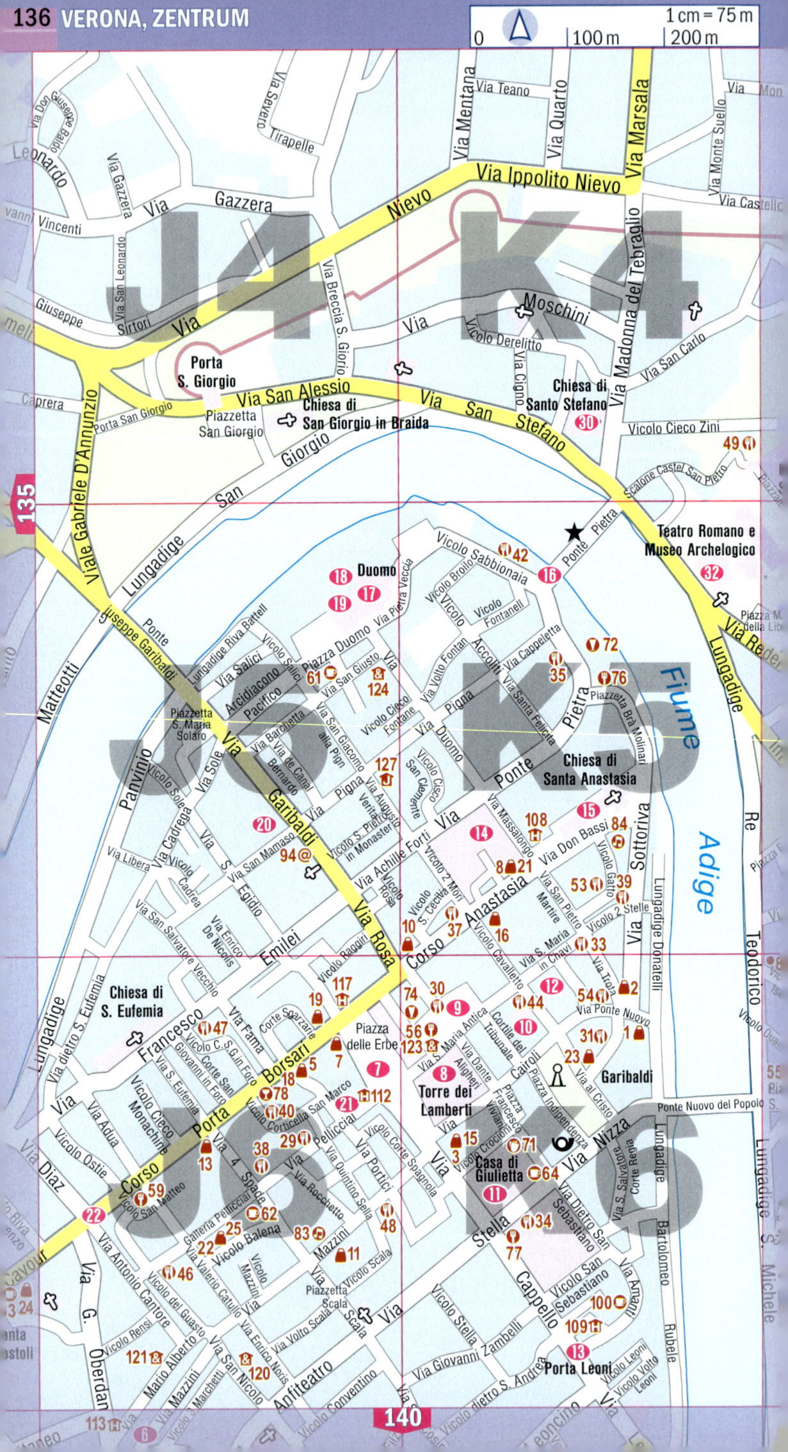
1 cm = 75 m
0
100 m
200 m
J4
K4
J5
K5
J6
K6
135
140
Via Ippolito Nievo
Via Nievo
Via Marsala
Via Mentana
Via Teano
Via Quarto
Via Monte Suello
Via Castello
Via Severo
Tirapelle
Via Don Giuseppe Baldo
Leonardo
Via Gazzera
Via Gazzera
Vincenti
Via San Leonardo
Giuseppe
Sirtori
Via Breccia S. Giorio
Via Moschini
Vicolo Derelitto
Via Cigno
Via Madonna del Terraglio
Via San Carlo
Porta S. Giorgio
Chiesa di Santo Stefano
Via San Alessio
Chiesa di San Giorgio in Braida
Via San Stefano
Piazzetta San Giorgio
Porta San Giorgio
Caprera
Viale Gabriele D'Annunzio
Lungadige San Giorgio
Vicolo Cieco Zini
Scalone Castel San Pietro
Ponte Pietra
Teatro Romano e Museo Archelogico
Duomo
Vicolo Sabbionaia
Vicolo Broilo
Vicolo Fontanell
Via Pietra Veccia
Piazza Duomo
Via San Giusto
Via Giuseppe Garibaldi
Ponte Garibaldi
Matteotti
Lungadige Riva Battell
Vicolo Salici
Via Salici
Arcidiacono Pacifico
Piazzetta S. Maria Solaro
Via Barchetta
Via de Canal
Bernardo
Via San Giacomo alla Pign
Vicolo Cieco Fontane
Via Volto Fontan
Vicolo Accolti
Via Pigna
Via Duomo
Via Cappelletta
Via Santa Felicita
Piazzetta Brà Molinari
Ponte Pietra
Fiume Adige
Lungadige
Via Redentore
Chiesa di Santa Anastasia
Via Ponte Pietra
Panvinio
Vicolo Sole
Via Sole
Via Garibaldi
Via Pigna
Via Augusto Verità
Vicolo S. Pietro in Monastero
San Clemente
Vicolo Cisco
Via Massalongo
Via Don Bassi
Via Sottoriva
Via Libera
Via Cadrega
Vicolo Cadrea
Via S. Egidio
Via San Mamaso
Via Achille Forti
Vicolo Rosa
Vicolo 2 Mori
Vicolo S. Cecilia
Corso Anastasia
Via San Pietro Martire
Vicolo Gatto
Vicolo 2 Stelle
Lungadige Donatelli
Re Teodorico
Via San Salvatore Vecchio
Via Enrico De Nicolis
Emilei
Via Rosa
Vicolo Raggiri
Vicolo Cavalletto
Via S. Maria in Chavi
Via Trota
Via Ponte Nuovo
Chiesa di S. Eufemia
Lungadige
Via dietro S. Eufemia
Via Francesco
Vicolo C.S.G. in Foro
Via Fama
Corte Sgarzarie
Piazza delle Erbe
Via S. Maria Antica
Cortile del Tribunale
Via Dante Alighieri
Cairoli
Piazza Indipendenza
Via al Cristo
Garibaldi
Ponte Nuovo del Popolo
Corso Porta Borsari
Via S. Eufemia
Corte San Giovanni in Foro
Vicolo Cieco Monachine
Via Adua
Vicolo Ostie
Via Diaz
Vicolo Corticella San Marco
Pelliccial
Vicolo Corte Spagnola
Via Portici
Via Quintino Sella
Torre dei Lamberti
Piazza Francesco Viviani
Vicolo Crocioni
Via Nizza
Casa di Giulietta
Via Cappello
Via Stella
Via S. Salvatore Corte Regia
Lungadige Bartolomeo Rubele
Lungadige S. Michele
Via 4 Spade
Via Rocchetto
Corso Cavour
Vicolo San Matteo
Galleria Pellicciai
Vicolo Balena
Vicolo Mazzini
Via Mazzini
Piazzetta Scala
Vicolo Scala
Via Scala
Via Dietro San Sebastiano
Vicolo San Sebastiano
Via Amanti
Via Antonio Cantore
Via G. Oberdan
Vicolo del Guasto
Via Valerio Catullo
Via Volto Scala
Vicolo Stella
Via Giovanni Zambelli
Vicolo Rensi
Mario Alberto
Via San Nicolò
Via Enrico Noris
Via Anfiteatro
Vicolo Conventino
Vicolo dietro S. Andrea
Porta Leoni
Vicolo Leoni
Via Volto Leoni
Via Leoni

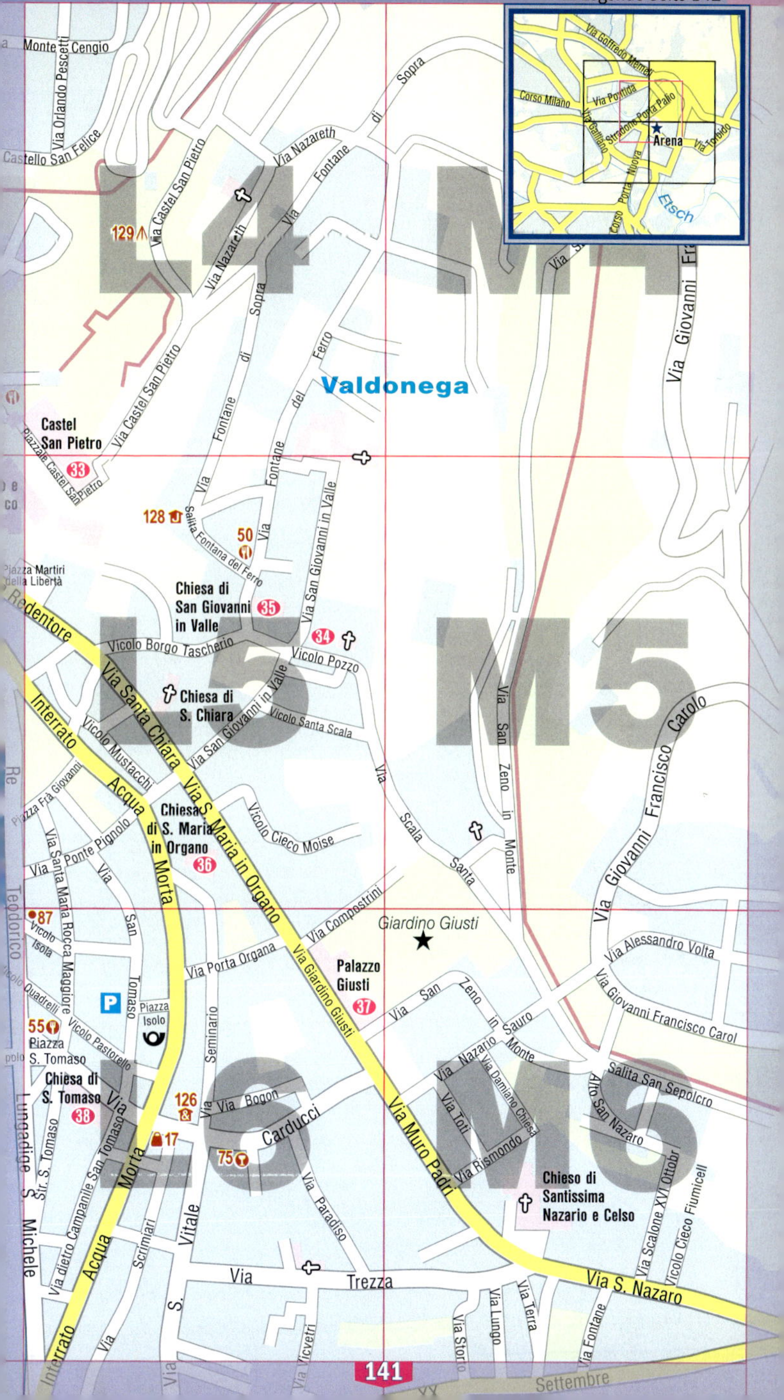
Via Goffredo Mameli
Corso Milano
Via Ponvida
Stradone Porta Palio
Via Galliano
Arena
Via Torbido
Porta Nuova
Corso
Etsch
Monte Cengio
Via Orlando Pescetti
Castello San Felice
Via Castel San Pietro
Via Nazareth
Via Fontane di Sopra
129
L4
M4
Via Giovanni Fra
Via del Ferro
Valdonega
Castel San Pietro
Piazzale Castel San Pietro
33
128
Salita Fontana del Ferro
50
Via Fontane
Via San Giovanni in Valle
Piazza Martiri della Libertà
Redentore
Chiesa di San Giovanni in Valle
35
34
Vicolo Borgo Tascherio
Vicolo Pozzo
L5
M5
Via Santa Chiara
Chiesa di S. Chiara
Via San Giovanni in Valle
Vicolo Santa Scala
Via Scala Santa
Via San Zeno in Monte
Via Giovanni Francisco Carolo
Interrato Acqua Morta
Vicolo Mustacchi
Piazza Frà Giovanni
Chiesa di S. Maria in Organo
36
Via S. Maria in Organo
Vicolo Cieco Moise
Via Ponte Pignolo
Via Santa Maria Rocca Maggiore
Via San Tomaso
87
Vicolo Isola
Via Compostrini
Giardino Giusti
Via Porta Organa
Via Seminario
Via Giardino Giusti
Palazzo Giusti
37
Via Alessandro Volta
Via Giovanni Francisco Carol
Vicolo Quadrelli
Piazza Isolo
55
Piazza S. Tomaso
Vicolo Pastorello
Via San Zeno in Monte
Via Sauro
Chiesa di S. Tomaso
38
126
Via Bogon
Via Carducci
Via Muro Padri
Via Nazario
Via Damiano Chiesa
Via Toti
Via Rismondo
Salita San Sepolcro
Alto San Nazaro
L6
M6
Lungadige S. Michele
Str. S. Tomaso
Via dietro Campanile San Tomaso
Morta
17
75
Via Paradiso
Chieso di Santissima Nazario e Celso
Via Scalone XVI Ottobr
Vicolo Cieco Fiumicell
Via Scrimiari
Via S. Vitale
Via Trezza
Via S. Nazaro
Via Lungo
Via Terra
Via Fontane
Via Storto
Via Vicvetri
Settembre
Teodorico

141

134

1 cm = 75 m
0 100 m 200 m
F7
G7
F8
G8
F9
G9
Via Lenotti
D'Azeglio
Via Pellico
Rosmini
Chiesa di San Bernardino
28
Stradone
80
Vicolo San Ber
Saffi
Bastione di San Bernardino
Maroncelli
Via Mura S. Bernardino
Via Pisacane
Filopanti
Via Settembre
Via Brofferio
Via Galliano
Via da Vinci
Via Camuzzoni
Via Sansovino
Longhena
Via Pompei
Via Frà Giocondo
Campione
Merighi
Porta del Palio
Ospedale Militare
Via Piccoli
Circonvallazione
Via Da
Via Vanvitello
Negrelli
130
Via dalla Bona
Camuzzoni
Canale
29
Baluardo di S. Spirito
Via Albere
Camuzzoni
Viale Cardinale
Viale Palladio
Viale Palladio
Via Nascimbeni
Via ferrovieri Case P. Nuova
Piazzale XXV Apr
Stazione Porta Nuova
Via Goffredo Mameli
Corso Milano
Via Portina
Via Galliano
Stradone Porta Palio
Arena
Via Torbido
Porta Nuova
Corso Porta
Etsch

135
140
Castelvecchio
Arco dei Gavi
Castel Vecchio 24
Chiesa di San Zeno in oratio
Zeno
Ponte Castelvecchio
Corso Castelvecchio
36
110
Antonio Provolo
Vicolo Ognisanti
Vicolo Pietrone
Porta Palio
Stradone
Vicolo San Silvestro
Vicolo Miracoli
Vicolo Morette
Vicolo Brusco
Vicolo Pomodoro
Vicolo Chiodo
Disciplina
26
6
Via Carlo Cattaneo
Vicoletto Listone
Vicolo Listone
Via dietro Listone
Via Teatro Filarmonico
95
115
107
45
52
93
Via Roma
Via Daniele Manin
Museo Lapidario Maffeiano 5
66
60
4
3
Via degli
Via del Mutilati
Vicolo Volto San Luca
Via Torre
Vicolo Parigino
Vicolo Circolo
Vicolo Valle
Vicolo Circolo
Vicoletto Valle
Vicolo Carmelitani Scalzi
Chiesa di Santa Teresa di Scalzi
Via San Bernardino
Marconi
Via di S. Antonio
28
Nuova
65
Vicolo Chiai
Via A. Sciesa
Vicolo Santa Catarina
Piazza Pradeval
Vicolo Volto Cittadella
86
Via G.
Vicolo Calcirelli
Via Bentegodi
Via Don Steeb
Via Poloni
A.C.I.
Valverde
Via della
118
Via Kessler
85
Via Battisti
Porta
Via Berni
Via Giberti
Via D'Acquisto
Piazza Simoni
131
Minatore
Via Trainotti
Via Città di Nimes
Via dal Fabbro
Via Locatelli
116
Cittadella
Via Carrista
Corso
Oriani
58
122
Baluardo di Riformati
Porta Nuova
Via Raggio di Sole
Baluardo di Trinità
Giardino
Piazzale Porta Nuova
Girolamo
del Piave
Via Faccio
99
Via Foroni
Stazione Autolinee
Aprile
90
Viale
Via Fedrigoni
Via Ascari
H7
I7
H8
I8
H9
I9

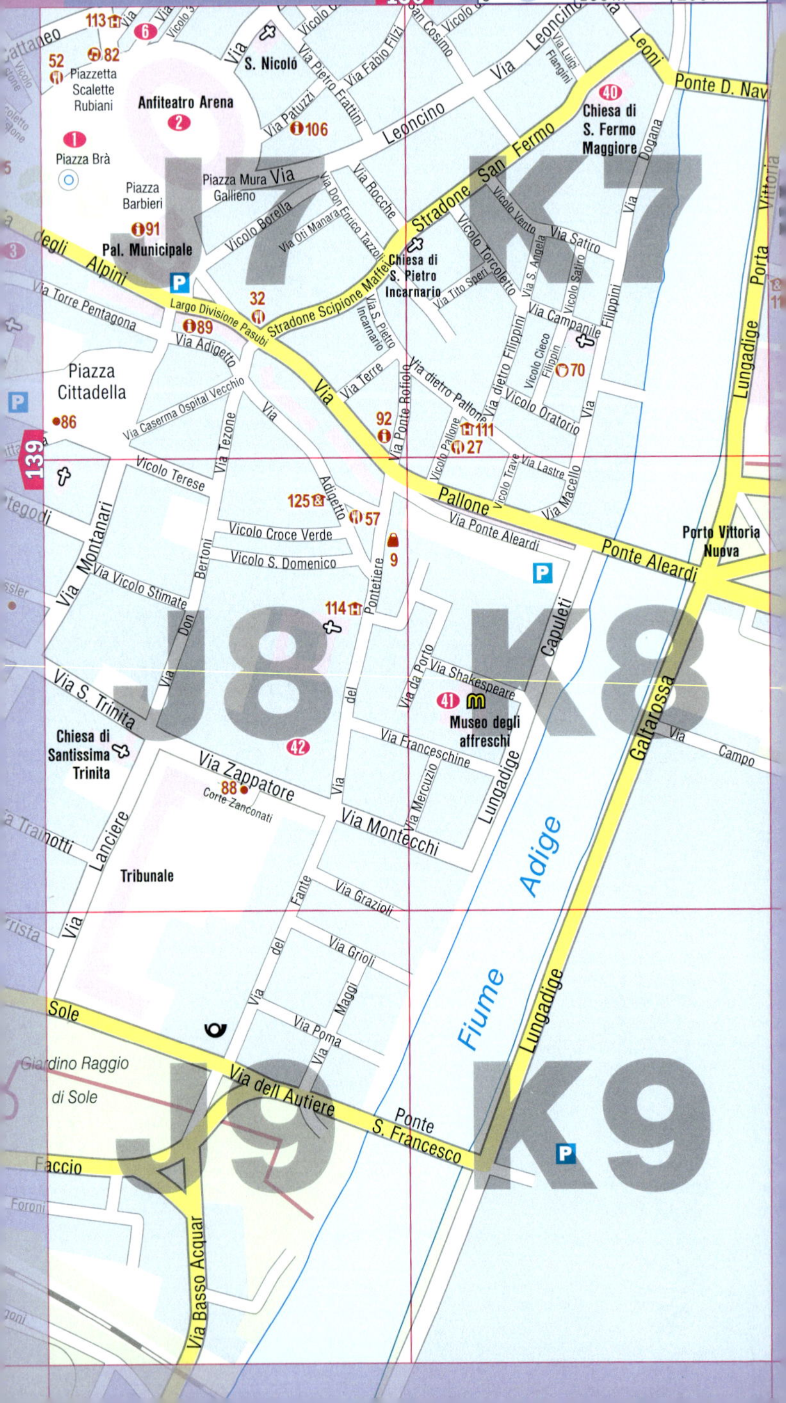
136
139
1 cm = 75 m
0 | 100 m | 200 m
Piazzetta Scalette Rubiani
Anfiteatro Arena
S. Nicolò
Piazza Brà
Piazza Barbieri
Pal. Municipale
Piazza Mura Gallieno
Chiesa di S. Fermo Maggiore
Chiesa di S. Pietro Incarnario
Largo Divisione Pasubi
Piazza Cittadella
Porto Vittoria Nuova
Museo degli affreschi
Chiesa di Santissima Trinita
Tribunale
Giardino Raggio di Sole
Fiume Adige
Via Pietro Frattini
Via Fabio Filzi
Via Patuzzi
Via Leoncino
Stradone San Fermo
Ponte D. Navi
Via Dogana
Vicolo Borella
Via Oti Manara
Via Don Enrico Tazzoli
Via Rocche
Stradone Scipione Maffei
Vicolo Vento
Via Satiro
Vicolo Torcoletto
Via S. Angela
Vicolo Satiro
Via Tito Speri
Via Campanile
Via Filippini
Lungadige Porta Vittoria
Via Torre Pentagona
Via Adigetto
Via Caserma Ospital Vecchio
Via Tezone
Via Terre
Via Ponte Rofiolo
Via dietro Pallone
Via dietro Filippini
Vicolo Cieco Filippini
Vicolo Oratorio
Vicolo Pallone
Vicolo Trave
Via Lastre
Via Macello
Via Pallone
Via Ponte Aleardi
Ponte Aleardi
Vicolo Terese
Vicolo Croce Verde
Vicolo S. Domenico
Via Pontetiere
Via Montanari
Via Vicolo Stimate
Via Don Bertoni
Via Capuleti
Via da Porto
Via Shakespeare
Via Franceschine
Via Mercuzio
Lungadige Galtarossa
Via Campo
Via S. Trinita
Via Zappatore
Corte Zanconati
Via del Fante
Via Montecchi
Via Tramotti
Via Lanciere
Via Grazioli
Via Grioli
Via Maggi
Via Poma
Via dell Autiere
Ponte S. Francesco
Lungadige
Via Faccio
Via Basso Acquar
J7 K7 J8 K8 J9 K9
113 6 52 82 2 1 106 40 91 32 89 70 92 111 27 86 125 57 9 114 41 42 88

**Hier nicht aufgeführte Nummern** liegen außerhalb der abgebildeten Karten. Ihre Lage kann aber wie bei allen im Buch vorkommenden Ortsmarken mithilfe des Internet-Kartenservice Google Maps™ lokalisiert werden (s. Umschlagklappe).

0
400 m
800 m
1 cm = 300 m
Martini
Borgo Crencano
Borgo Trento
Corte dell'Orto
Villaggio dell' Oca Bianca
Navigatori
San Zeno
San Massimo all' Adige
Borgo Milano
Borgo S. Lucia
San Lucia
Golosine
Detailkarte S. 134
S.138
Zentrum,
Via Cà di Cozzi
Via Bresciani
Via Quinzano
Via Santini
Via Monte Ortigara
Ospedale V. Moniga
Via Trento
Via Mameli
Lungadige Attiraglio
Fiume Adige
Viale Caduti del Lavoro
Ponte Saval
Ospedale Civile Maggiore
Via Galvani
Via Pancaldo
Canale Camuzzoni
Viale Colombo
Viale Cristoforo Colombo
Ponte
Via Farinati
V. Ciro Menotti
Via San Cam Piazz
Bastione di Spagna
Bastione di S. Procolo
Porta Fura
Via del Risorgimento
Ponte Risorgimento
Via Pontida
Ex Arsenale
Corso Milano
Via Gramsci
V. Pta. S. Zeno
Bastione di San Zeno
Piazza Corrubbio
V. Rigaste S. Zeno
Ponte Scaligero
Castel Vecchio
Via San Marco
Chiesa di San Bernardino
Via Galliano
Bastione di San Bernardino
Stradone Porta Palio
Stadio Com. Bentegodi
Porta del Palio
Ospedale Militare
V. della Val-
Via dello Sport
Circonvallazione Oriani
Baluardo di S. Spirito
Piazza Simoni
Baluardo di Riformati
Piazzale Porta Nuova
Stazione Autolinee
Stazione Porta Nuova
T4-9
11
Viale del Piave
Via Albere
Via Guerrieri
Via dall Chiesa
Stradone S. Lucia
Via Mantovana
Via Stradone San Lucia
Via Golosine
Via Po
Via Chioda
Viale del Lavoro
V. Tombetta
Via S. Teresa
1
2
3
4
5
6
7
8
9
10
11
12
A
B
C
D
E
F
G
H

137
Via XX Settembre
Via S. Paolo
Via Cantarane
Via Mazza
Chiesa di S. Paolo
Via S.Cristoforo
Vicolo Campofiore
Via Museo
Museo Civico di Storia Naturale
39
Via Vipacco
Via Timavo
Via della Artigliere
Via Campofiore
97
Via Beltrame
Via Bonomi
L7
M7
Via Vittoria
Porta
Via S. Francesco
119
Via Università
Campo Sportiva
Università
Veronetta
Via Torbido
Piazzale del Cimitero
Cimitero Monumentale
Viale Caduti Senza Croce
Cimitero Cristiano Evangelico
L8
M8
Via Ligabo
Marco
Via do Maschi
Cimitero Nuovo
Via Campo Marco
Via Duca Giovanni e Vittorio
L9
M9
Via Goffredo Mameli
Corso Milano
Via Pontida
Stradone Porta Palio
Arena
Via Torbido
Via Galliano
Porta Nuova
Corso
Etsch

## LEGENDE DER KARTENEINTRÄGE